21招，让孩子独立

叶壮 著

中国言文出版社

图书在版编目（CIP）数据

21招，让孩子独立：大字版／叶壮著. —北京：中国盲文出版社，2020.5

ISBN 978-7-5002-9390-3

Ⅰ.①2… Ⅱ.①叶… Ⅲ.①家庭教育 Ⅳ.①G78

中国版本图书馆CIP数据核字（2019）第269486号

21招，让孩子独立

著　　者：叶　壮
出版发行：中国盲文出版社
社　　址：北京市西城区太平街甲6号
邮政编码：100050
印　　刷：东港股份有限公司
经　　销：新华书店
开　　本：710×1000　1/16
字　　数：160千字
印　　张：18.25
版　　次：2020年5月第1版　2020年5月第1次印刷
书　　号：ISBN 978-7-5002-9390-3/G·1122
定　　价：59.00元
编辑热线：（010）83190220
销售服务热线：（010）83190520

自序

教养，是为了让孩子拥有独立的资本

作为一名专注于发展心理学领域的心理工作者，我总会通过各种渠道接触到大量问题，比如线下培训后的答疑环节、自己文章的评论区，还有通过各种关系推荐来的求助者。这些问题涉及的孩子年龄段很广，涵盖的生活元素众多，而且往往都是提问者正在经历的养育难题：

“让孩子上国际幼儿园好还是上公立幼儿园好？”

“我该不该给孩子报课外班？我觉得我家两岁的女儿很有音乐天赋！”

“我给孩子讲故事，他听一会儿就跑，怎么办？”

“我家孩子在商场看到一个玩具就想要，趴在地上不起来！”

“家里老人说方言，把孩子的普通话‘带跑’了，有什么办法？”

……

这些问题具体而急迫，但并不太好解决。一方面，各家有各家的情况，哪怕是同一个问题，也未必有普适的答案；另一方面，很多家长现在深陷于一个迷局之中而不自知：他们渴求一种养孩子的正确方法，却不知道自己养孩子的正确方向。如果连自己在养育孩子的过程中到底想要达到什么目的都不知道，恐怕这样的父母的确很难找到真正适合自己的方法，毕竟，有了一个目的地，才能前行，而不至于徘徊不前。

所以，如果时间和场合都允许，我总是会反问家长："您养孩子的最终目的是什么？"

大多数情况下，被问到的人先是会明显地一愣，然后有几种常见的反应。一类家长会直接质疑我的问题："你有办法就说，没办法就不要说些没用的。"还有一类家长会给出一个很具体的解决当下困扰的目标，常见的是："学习好""听话""有上进心"。有的家长甚至会跟我打马虎眼："养儿防老呗！""怀上了总不能不生吧！"

我非常能够理解家长们的类似反应。第一类家长希望得到拿来就能用的"干货"，第二类家长深深受困于当下的养育困境，而第三类家长则在逃避这个他们本应该深思熟虑的问题。

养孩子的糟心事儿太多，家长们很容易把视角局限在"战术"上，而没有更多地考虑"战略"上的问题。我建议家长们静下心来想想，养个孩子毕竟不是为了解闷儿。那到底是为了什么呢？

这个"道"的问题一旦解决了，对于"术"这一层面上的困惑，我们自然就有了审视和解决的更好视角。在我看来，这个“道”的问题是有标准答案的。无论是生理意义上的生、死、繁衍，心理意义上的母爱、父爱，还是孩子自我发展过程中会经历的自我意识觉醒，抑或是结合我自己养孩子的亲身体验，社会学、生物学、进化心理学、发展心理学以及个人经验，其实都指向了同一个结论：我们养孩子的最终目的，就是让孩子拥有足够的能力离开我们，之后还能过上好日子，与此同时，我们还能充分地信任他。

不管是“身体棒”“学习好”“有出息”“会才艺”“懂礼貌”，还是各种我们希望孩子具备的优良表现，究其根本，我们想让孩子拥有的，是一套“独立资本”，即在他脱离父母后仍能安身立命的能力储备。这才应当是我们培养孩子的根本大方向。

“独立资本”涵盖很多东西：身体状况、家庭的社会地位、经济水平，等等。其中有三点我尤为关注，它们共同构成了一个人心理上的独立资本，即家庭支持、社交优势以及个体心理素养。

家庭支持决定了家庭对孩子的影响以及建立亲子关系的积极程度，社交优势决定了一个孩子在与他人交往的过程中能否游刃有余，个体心理素养则决定了孩子有没有养成一些有益于他持续成长的良好习惯。

这个观点以及这套“独立资本”模型构成了我对养育及亲子关系的基本认知框架。同时，我会持续不断地把大量的前沿学术研究成果，以及经过事实验证的优质实操手段融入其中，为我所服务的家长们，还有我自己的养育困境提供参考和指导。

有关孩子生理发展的问题或许会有标准答案：什么月龄适合吃什么辅食，什么症状适合吃什么药，在什么年龄段长到了多少斤就算超重……但在有关孩子心理养育的问题上，答案就太多了，这是在养育中谈心理时不得不面对的一个问题。而唯一确定的是，6 岁以前是孩子独立性养成的关键时期，很多好的习惯和心理素养都是在学龄前阶段打下的根基，因为此时，孩子的可塑性最强。一旦错过这个阶段，再想培养孩子的独立性，可能就要多花许多倍的努力，同时收效甚微。

于是，我找到了在中国从科学中提炼实操手段能力最强的一群人：“丁香医生”。我们合作了 3 年，在“独立资本”这套系统的科学支持下，一起写出了不少饱含“干货”的爆款文章，并建立了深厚的友谊。

2017 年，“丁香医生”携“丁香妈妈”和我谈进一步的合作，我们一拍即合，决定一起把“独立资本”这套系统及其衍生的方法论汇总整理，转化成时下流行的线上知识付费产品，于是，“宝宝好习惯养成课”上线了。虽然这个课的收费差不多是同类竞品的两倍，但很快就突破了 5 000 份的订阅量。

在这套体系的实践过程中我还发现，出生于不同年代的父母对孩子独立资本的需求也有明显的不同。比如，“80 后”和“90 后”的父母在养育孩子时都有一个全新的趋势：相较于前几代中国父母，他们愈发在意孩子社交能力的培养，而“学习好”这个特质在“好孩子”的蓝图中逐渐被淡化了。

我们现在对孩子的培养，有了更多在社交能力方面的具体期待：

◎不欺负别人，也不能被别人欺负；

◎不打小报告，也不要做被打小报告的事；

◎不能撒谎，但是要学会委婉表达；

◎男孩子要有男子汉气概，还要学会绅士一般地彬彬有礼。

同时，孩子们在成长过程中也面对着各种新的挑战：校园霸凌问题，在家称大王、出门就胆小的问题，人际关系上抗挫能力差的问题，在公众面前表达时害羞的问题……不一而足。风险与困难，远比绝大多数家长想象的要多、要大。

除此之外，中国养育观念的代际差异也极大。就像独生子女一代开始学着养两个孩子时难免会感到手足无措，当代父母多是从小被给予“能力期待”的人，他们在培养如今被给予“独立期待”的孩子时，也难免有不少困惑。这就更容易导致当下为人父母的一代人在寻找养育目标时觉得迷糊，更在寻找养育方法时深感迷茫。

“家长对孩子成长的正确需求，以及家长在教育孩子时知识和资源的匮乏，是当前阶段养育的主要矛盾。”我很喜欢在每次亲和又接地气儿的分享会之前说上这样一句听上去很严肃的话。这句话说的是事实，也是我进一步探讨“独立资本”的直接推动力。而这本书，就是近几年探讨这股推动力的重要成果。

由于工作原因，我接触了大量家长、孩子和老师，也发现了一些近年来极具普遍性的问题。万幸，心理学也是一个快速发展的学科，大量问题都可以找到相对科学的答案，而在这本书中，我将把严谨的科学与育儿过程中常见的“闹心”场景结合起来，对“独立资本”这一主题进行深入探讨，帮助家长了解：到底要怎么做，才能培养一个在未来能优雅地离我们而去的孩子。

目　录

序　章

学会独立，是教养的正确打开方式

2017 年的母亲节那天，我应邀在北京为一家知名教育机构上课。这家机构主打与出国留学相关的高端教育产品，来听课的是他们的 20 个重要客户家庭。这些家庭的孩子基本都处于初二到高三年级，正是为下一个重要的人生阶段用劲儿拼搏的时候。

教室不大，家长带着孩子以家庭为单位各自入座，绝大多数孩子都在低头摆弄手机，而家长们则“形态各异”：有去找顾问老师询问最近的教育政策动向的，有去给孩子的水壶加开水的，有埋怨孩子一天到晚玩手机难怪考不好的，还有翻看我提前放到学员桌子上的培训材料的。

这样的课程讲起来其实难度很大，因为你很难把一个观点同时说进家长和孩子的心坎儿里去，况且讲台下的这些家庭正面临着一系列的挑战：青春期的孩子、焦虑的家长、竞争教育资源的压力、高昂的留学费用、迫在眉睫的考试与面试，以及谁都没法拍胸脯保证的最终结果。要知道，很多时候，这些挑战并不能激发家庭成员拧成一股绳，反而会制造出很多最亲的人之间的争执、矛盾甚至冲突。

所以我安排了一个互动环节，打散了他们原先自由选择的座次，让家长全都坐到我的左手边，孩子全都坐到我的右手边，并且在他们中间留了两行空座位充当隔离带。

随后，我给每个人都发了纸和笔，让他们在纸上写下我所提问题的答案。我给家长提出的问题是："你希望你的孩子在他的生活中能够拥有哪些特质？请写出 10 个。"我给孩子提出的问题是："你希望自己在生活中拥有哪些特质？请写出 10 个。"同时，我提出了作答时的两个要求：不交流，说实话。

很快，家长和孩子都写完了这 10 个特质，甚至还有一位母亲想让我帮她分析分析。但我告诉她："别着急，还有一个环节。"

随后，我要求在场的所有人都琢磨这么一个问题："如果这 10 个怎么看都觉得好的特质里，你必须放弃一半的话，你会选择哪些？"我同时要求大家在自己刚才写下的 10 个特质里删掉相应的 5 个。

孩子们删得很痛快，但是家长们都删得很痛苦。

这还不算完，我又提出了一个更过分的要求："如果还要放弃两个，你会放弃哪两个呢？"

这时，孩子们依然删得很果断，但绝大多数家长都陷入了艰难的抉择之中。好在最终他们还是完成了我的要求。

我问家长：“你们觉得孩子们最后留下的三个特质是什么？”大多数家长用“我早就猜到了”的口吻告诉了我以下这些算不上特质，但是他们认为孩子希望自己能做的事：玩儿、打游戏、翻手机、搞对象……

我没评价这些答案，转而去问孩子：“你们觉得你们的父母最后留下了哪几个？”孩子们用与他们父母一样的口吻回应我：“学习、学习、学习，考高分，听话，不能玩儿，有出息，被好学校录取。”

实际上，这个小小的活动暴露了很多家庭的问题：生活在同一屋檐下的家庭成员们，对家里的孩子——这个家庭未来的寄托对象，似乎都不太清楚彼此的核心期待是什么。

随后，我让每位家长告诉对面的孩子他们最后选择了哪三个特质。几乎所有的家长最终保留的三项里，有两项都是一致的：“健康”与“快乐”。事实上，家长们并没有孩子们想象的那么功利，相比于那些让他们“赚大钱”“读好大学”“去好公司”“有出息”的强烈诉求，家长们最核心的诉求，还是想要让孩子没灾没病、开开心心地生活。至于家长们各有不同的第三个选项，绝大多数也并不跟能力与成就挂钩，很少有人提及“聪明”“博学”“成功”，而更多的是集中在孩子为人处世的能力上，比如“独立”“性格好”“稳重”“与人为善”等。

孩子们的选择同样也让家长们感到意外，没有一个孩子会把“想玩就玩”一类的内容放进自己的人生规划。他们最终保留的特质更加多样化，但如下一些词的出现频率明显高过了其他词：“自由”“掌控感”“被认可”“受尊重”。

其实，不管是家长还是孩子，他们最终的选择都是高度统一的，因为都指向了养育的根本目的：培养一个能搞定自己生活的人。家长们的选择，无一不是为了让孩子在家长不在身边的时候，可以活得不错；而孩子们的选择，也都是为了能让自己过上自主、充实的生活。这些最终的选择其实也揭示出：养育的过程，就是给孩子不断积累独立资本的过程。

独立资本囊括的内容有很多，“学习好”“学历高”“有才艺”这些都算得上是加分项，而“身体好”“心态好”“能和他人好好相处”则更是“好好过日子”的必要条件。如果说生命是一场每个人都必须经历的战役，那么“身体好”和“心态好”则对应了士兵的身心素质，社交技能和个人修养则是士兵的战术水平，而财富、学识、才华则对应着上阵所需的弹药储备。

今天的很多家庭在养育孩子的过程中都存在一个非常大的问题，就是过度在乎弹药储备上的硬件水准，而忽视了竞争所需要的另外两个要素：身心健康状况与投身社会的软实力水准。很多时候，家长都觉得自己可以做并且能做好的最基本的事情，就是帮孩子报班、培训、考级、拿证，不断提高他的军火库储备水准。

但是，家长们其实都隐隐地明白，亲子关系是非常亲密的社交关系，却面对着一个永恒的残酷结局：养育子女的根本目的是让孩子离开自己。抚养子女的根本诉求是培育出健全而独立的社会个体，在这个大目标前面，“成绩好”“学历高”“才艺多”这类成就指标可以说是独木难支。

敲黑板

人一出生，就处于三个同心圆中。最外圈的社会包裹着家庭，而家庭则包裹着最内层的个体。家庭的重要职责，就是赋予孩子这个最内层的圆更多的储备，再把他推向社会。

我儿子出生 10 天后，脐带脱落了，这让我的妻子陷入了极大的负面情绪中。很多人不清楚，脐带脱落其实很容易导致母亲产后心理障碍的爆发，因为这件事有一个很明显的象征意义：对于一个完整体验了孩子从孕育到互动再到分娩全过程的母亲来说，她最终失去了自己与孩子共享的最后一点实体联结。脐带既是母亲身上的，也是孩子身上的，虽然分娩时经历了一刀两断，但它从孩子身上脱落，其实意味着孩子在物理层面上已经是一个独立的个体了。

我抱着妻子，安慰她，并跟她分享了我的看法：孩子成长的过程，注定是一个渐行渐远的过程。今天孩子的脐带掉了，意味着他与你之间不再有物理上的联结，但你们还会有身体上的接触，因为你怀抱着他、哺育着他。很快你又会发现，他与你的接触面积越来越小，接触时间也越来越短，并逐渐开始有更加社会化的转变。

有一天，你没法抱着他了，只能拉着他的小手跟他并排走；又有一天，他可能会在校门口把你的手甩掉，因为同学们正在看着；可能还有一天，你在台下看着他在台上做精彩的表演，但是他更多地是看向他人而不是看向你；甚至还会有一天，你来到机场送他远行，他挥挥手走了，你却惦记着是不是少给他带了条裤子。

虽说脐带的事儿只是个开始，但我们要深刻地认识到：培养优秀孩子的过程，其实就是目送孩子远去的过程。如果这种远去伴随的是我们的心安，我们能够由衷地相信“孩子能搞得定!”那才是最大的成功。我们不能陪孩子一辈子，也不应该陪他一辈子，他会有自己的生活。作为爸爸、妈妈，我们需要做的，就是在时间有限、资源有限的情况下，赋予孩子在离开我们之后还能好好过下去，甚至过上他的理想生活的能力。

对于我的看法，妻子非常认同。的确，把一个孩子从六七斤重养到一米六七高，其实是一次在社会环境中完成的细胞分裂。每个孩子的成长都得益于家庭提供的资源和父母施与的指导，但他们最终还是要独立地投入到社会中，成为与社会直接交互的另一组同心圆，就像他的爸爸、妈妈一样，继续创造下一次细胞分裂。

然而，并不是每个同心圆都一样，主要区别在于两点：家庭的优质支持与个人的能力储备。

优质的支持既不是否认孩子独立性的纯粹溺爱，也不是一个劲儿地把孩子推向社会的高压式养育。优质的支持兼顾了孩子的独立性与积极的亲子关系。而家庭支持是否优质，决定了孩子能不能完成一项关键任务，即从单纯的家庭成员平稳过渡，成为合格的社会个体，并与原生家庭依然保有积极的关系和恰当的距离。与此同时，个人的能力储备则决定了孩子所能达到的能力水准和素质高低。

敲黑板

最理想的情况是：家庭对孩子的独立性保有足够的支持，能够与孩子保持积极的亲子关系，同时孩子也能按部就班地完成自身能力的储备。这样，孩子不仅与家庭保持健康的交互关系，也能拥有主导自己生活的能力。

我们现在见到的很多优秀青年，在事业有成之外，还保有与原生家庭的良好关系与“自己说了算”的身心主场，就是因为兼备了来自家庭的优质支持与“打铁还需自身硬”的个人资源，概莫能外。

但对很多家庭来说，情况并没有那么乐观。一个最典型的情况就是在家庭支持上的“偏科”。很多家庭对孩子施加了太多的保护与溺爱，却忽略了孩子独立性的培养，雪上加霜的是，父母也并没有让孩子在有限的成长时间里积累什么个人能力。于是，一个新的“巨婴”就应运而生了：骄纵有余、独立不足，在和别人打交道的时候，总是会遭遇这样或那样的问题。

另一种典型的情况也困扰着很多人：已经长大的孩子能力储备充足，有着高学历、良好的工作能力以及不菲的收入，却总是和自己的原生家庭刻意地保持距离。一方面是因为他们与家庭成员之间的差异越来越大，另一方面是因为他们和父母的交流互动从价值观到交流习惯都存在着问题，而这两个弊病又很容易互为因果，并最终陷入恶性循环。

很多在大城市里打拼，甚至已经很有成就的人，每年过年回到老家，都恨不得在 72 小时内就经历“重逢、喜悦、相处、矛盾、争执、失控”的标准流程，然后立刻买头班飞机离开父母。更有甚者，似乎早就预见到“一回家就吵架”的无奈，于是假借在外打拼、工作忙碌的原因，刻意几年都不回一次父母家。而这对亲子双方来说，都是一种默认的慢性伤害。可见，纵然有了优质的能力储备，家长和孩子之间交互质量的低下，也会导致这种大家都不愿看到的局面。

最为棘手的情况已经转化为了新的社会问题。“留守儿童”这个群体往往在没有家庭优质支持的情况下被迫投入社会，与此同时，有限的时间和条件也导致他们在能力储备方面没有什么优势。在这种情况下，悲剧的发生也就在所难免。根据《中国青年报》的调查与报道，2010~2015 年，关于留守儿童的舆情事件出现了 206 起，主要涉及留守儿童自杀、犯罪、非正常伤害与死亡，而贵州毕节 4 名留守儿童集体喝农药自杀事件，更是直观地凸显了这一社会问题。而从心理层面来看，导致这一社会问题出现的重要原因，就是留守儿童这一群体在家庭优质支持和个人能力储备双重缺失的情况下，不得不高度独立地被卷入社会生活。

在为人父母的艰辛历程中，给孩子提供优质支持，保障孩子的能力储备，是提升其独立资本水平的重要前提，“两手抓，两手都要硬”。

家庭是一个很讲人情味儿的地方，但家庭成员之间的相处，恐怕不能完全交由情感来支配。对大多数家庭来说，随性而为的教养并不是养育孩子的最好方式，只有让真挚的情感搭配上科学的指导，才能真正让优质的家庭支持落到实处，也才能高效地帮助孩子完成个人能力的储备。

要想保障养育的高效，有两点是基础，一个是培养孩子的规则意识，一个是学会与孩子正确、积极地交互。前者是一切高效互动的基础。一个人如果不遵守规则，好的习惯就没法建立与坚持，深入的交流恐怕也没法进行。后者则是良好体验的保障。合理地鼓励、表扬与认可，能促使孩子高高兴兴地完成自我提升。

01 建立规则意识，为高效亲子互动打下基础

小到游戏规则，大到社会规范，人类在文明发展的进程中，为了维持效率与安全，给“打交道”设立了各种大大小小的约束，而了解、尊重以及恰当地改良这些规则，则是个体规则意识的重要体现。

新西兰的毛利人一直是人类学家研究的重要族群，关于他们对规则的尊重和利用，有一项知名的研究成果。

在毛利人的族群中，有一种独特的文化：如果有人直接找你要食物，你是不能拒绝的。这种规则的存在其实不难理解：它保障了族群整体的生存，使每个人都不至于在自己可支配的资源极度匮乏时被迫饿死。这是一种比较原始但很有人情味儿的社会保障制度。但有个人很有心机地利用了这个规则：他专门去找毛利渔民要鱼吃，而且每次都要很多。一来二去，渔民们自然就心生厌烦，很是不满，但“规矩就是规矩”，大家都不好说什么，也没人敢违背祖先们订立并遵从的社会规范，所以这个人每次要鱼的时候，大家虽然非常不满，但还是会给他。最终，这个贪得无厌的人彻底激怒了毛利渔民，渔民们虽然没有拒绝

他的请求，但也做出了自己的决定：联手把这个要鱼的人给打死了。

毛利渔民宁可把人打死，也不愿意直接拒绝他要鱼的请求。这在很多人看来或许匪夷所思，但这背后的规则意识却是容易理解的。

人是社会性的动物，能不能在社会交互中了解规则、尊重规则甚至管理规则，都直接影响一个人在社会中的生活。我们形容一个人“不靠谱”，这个所谓的“谱”很大程度上指的就是规则。“不按套路出牌”的情况有两种，一种属于“创意创新”，这是积极的；还有一种属于“不遵守游戏规则”，那往往就比较招人讨厌了。

敲黑板

帮助孩子设立某些具体规则或许并不重要，不同的家庭对同一条规则有不同的态度也很正常，但帮助孩子通过一些规则建立起规则意识，却能让他受益终身。

给大人立规矩，可以通过立法、执法的方式，但是给孩子立规矩，却要另有一套与大人截然不同的操作手段。

我们可以结合一个具体的设立规则的场景来加以分析。

手机屏幕越来越大，平板电脑越来越流行，面向低龄人群的视频产品越来越丰富，手机流量收费越来越低，无线网络越来越普及，这些都让新时代的孩子有了一个新习惯：一边吃饭一边看动画片。也许一边吃饭一边看视频是新时代的饮食习惯，不存在好坏对错之分，但对很多家庭来说，这个习惯已经影响了孩子“好好吃饭”这一更基础的需求，所以这的确是件值得拿来立规矩的事儿。

因为我家吃饭的时候没人在饭桌上玩手机，所以我儿子从来都不会“拿动画片下饭”，直到 2016 年的国庆节假期，我们一家三口去庐山度了个假，结果破功了。

原因很简单，那次同去庐山的都是我大学时代的同学，大家如今早已各自在大江南北成家立业。吃饭的时候各家孩子坐在一起，几个妈妈统一“伺候”着，但一片祥和的景象中却有一个在我看来稍微有些刺眼的佐餐玩意儿：一台平板电脑。这是一个播放着《小猪佩奇》《托马斯和他的朋友们》《汪汪队立大功》等热门动画片的神奇 7 寸屏幕，它让每个孩子都目不转睛地盯着，同时歪歪地噘着嘴，迎着妈妈送来的下一口饭。

对彼时刚满两岁的我儿子来说，这算是实打实的“国庆七天乐”，21 顿饭，顿顿边吃边看。假期结束一回家，奶奶做了一桌子好饭好菜，但孩子一上桌，就吵着要看动画片。奶奶很惊愕：“哪里学的毛病？这才出去一周，就有‘网瘾’了？”

想找回孩子过去的好习惯，我们总得做点什么来重新设立“吃饭时不能看动画片”的规则。给孩子立规矩的解决方法很直接，就三步：解释、执行与坚持。

我们给孩子解释了很早之前大家就共同商定的规则内容，包括“吃饭的时候看动画片会影响大家好好吃饭”“你有专门看动画片的时间，不过并不是在吃饭前后”“如果你坚持要看电视，我们过了饭点儿是不会给你留饭的”等几个要素。

随后的执行过程肯定伴随着号哭和泪水。我儿子在饭桌上拒绝吃饭，错过饭点儿后我们也限制了他的零食。这些都会打开他大哭的开关，但我们并不会愤怒，也不会挖苦他，而是再次平静而耐心地跟他解释一遍我们为什么要这么做。

幸运的是，我们只坚持了不到 48 个小时，我儿子就重新回到了吃饭不看动画片的正轨上，并且一直持续到今天。如今只有在一种情况下，我儿子可以获准在饭桌上看电视，那就是我们带他外出吃饭，他提前吃完了的时候。

这是一个典型的设立规则的情境，看上去简单，实际上却有着非常多的挑战需要应对，很多的细节需要处理。

很多时候，家长说话不好使，爸妈往东孩子偏要往西，甚至有的孩子还动不动就撕东西、搞破坏……其实很多让爸妈糟心的事儿，有不少是可以通过和孩子共同建立规则来规避的。

那么哪些事情需要给孩子建立规则？怎么建立规则最为有效？孩子多大就可以设立规则了？你需要知道如下三件事。

第一，设立规则时，孩子的真正需求是第一位的，你的需求不是第一位的。

有的家长很为自家孩子一些所谓的“不听话”行为而苦恼，比如在墙上乱涂乱画、撕书撕纸、兴奋时大叫大笑，再比如孩子玩儿玻璃球，弹得家里每个角落都能时不时扫出两个来。

不少家长会说：“你怎么这么不听话！”“你知不知道打扫卫生很累！”“你为什么要搞破坏！”“你这孩子怎么这么坐不住！”

但我想说的是：他是个孩子，而孩子就是这样的。

20 个月以上的孩子，才能建立起真正意义上的规则意识。在这之前，他们虽然能培养出一些行为规律和简单偏好，但并没有什么规则与习惯的意识。只有在 20 个月之后，孩子有了自我意识与基本的共情能力，我们才能和他们共同制订规则，才可以和他们进行跟规则有关的有效沟通。而这个年龄段的孩子，好奇心驱使了他们相当一部分的主动行为，所以会有乱涂乱画、撕纸撕书、乱扔东西等在家长看来“没规矩”的行为。这些行为的本质其实是孩子在练习如何与这个世界交互，他们在寻找自己能力的上限，而且在一般情况下，不管你干预不干预，这些“不守规矩”的行为都会慢慢消失，一去不返。

很多时候，家长设立的那些规则不是为了成就孩子，而更多的是为了方便自己。养孩子很累，“省点劲儿”对众多宝爸宝妈都有十足的吸引力，所以才有了那么多一边看动画片一边吃饭的孩子，因为不看动画片，孩子真的很难坐得住。但这时，你应该给孩子设立“我们都需要安静有序地就餐”的规则，而不是拿动画片和他做一个“交易”，比如像这样：“你如果乖乖吃饭，我就给你看动画片。”

以“省点劲儿”为初衷来设立规则，对孩子是不负责任的。每一条养育规则的设立，都应该以尊重孩子的需求、符合孩子的发展规律为基本前提。

我建议，为了应对上述这些问题，有必要采取的策略是：限制形式，不限制行为。孩子可以撕东西，别撕钱；孩子可以扔东西，别扔碗；孩子可以乱涂乱画，但只能在自己房间的墙上画；孩子可以大喊大叫，家长甚至可以陪他一起大喊大叫，但别在公共场合这么做。

第二，设立规则需要家长与孩子共同参与。

我们逛商场的时候，经常会见到这样的情景：一个怀抱着某玩具死活不撒手非要买的孩子，旁边站着他满脸不情愿的家长。

我们也见过这样的情景：孩子非要看动画片或者玩手机，家长表示今天已经玩了很久了，不能再玩了，结果双方僵持不下，甚至发生冲突。

有的孩子甚至睡觉前也不消停，一直闹着："再讲一个故事！再讲一个故事！"就算早过了他的睡觉时间，他也完全不理会家长"该睡觉了"的要求。

很多时候，孩子之所以产生"家长说了不听"的问题，一个重要的原因是，你说的那个规则，其实孩子并没有参与制订。你制订的规则，全是你自己的一厢情愿，所以在孩子那里，当然逃不掉"热脸贴冷屁股"的命运。

你在商场不给孩子买玩具，那你之前跟他约定过怎么来买他想要的玩具吗？你不愿意让孩子再看电视，那你跟他共同商定过到底什么情况下可以看电视，什么情况下不可以看吗？你嫌弃孩子不按时睡觉，可你之前跟他共同商量过，睡前到底应该完成哪些"规定动作"吗？

哪里有压迫，哪里就有反抗。没有共同商议就私自定下的规则，跟暴政有何区别？你要是孩子，你也会不听话的。

敲黑板

最好的规则是强调合作的规则：我做了我该做的，你做了你该做的，咱们都得到了咱们想要得到的。

反观绝大多数家长定下的规则，不是拍脑袋想的，就是下意识定的，要不就是为了偷懒强行立下的。这些都和制订良好规则的本质相去甚远。

文化人类学家托马斯·韦斯纳（Thomas Weisner）说："无论在任何文化背景下，当一个家庭建立起一种稳定的日常惯例和日常活动时，家庭的幸福感都会得到提升，同时也有利于孩子的成长。"在他关于设立规则的四条核心要求中，第一条就是：满足每个人的需求，同时尽量减少冲突。

而大量家长给孩子设立的规则，总有这样那样的短板，要不就是没法满足每个人的需求，要不就是没让孩子知道他的需求会以怎样的形式得到满足，或者给家庭制造了更多的冲突。所以你完全可以带着孩子一起来参与规则的制订。

但每次我这么说之后，总会有人对此嗤之以鼻："那么点儿大的孩子，他懂得个啥！”

没错，孩子的确懂得不多。如果因为他不懂就剥夺他发表意见的权利，那么我们在执行规则的时候遭到阻力，岂不是活该？况且，我们的孩子或许懂得尚且不多，但记忆力并没什么问题，如果事先有讨论、有交流，他终归还是会记得当初大家到底讨论出了一个怎样的结果的。规则是讨论出来的解决方案，而不是单方面的胁迫。

比如，关于“在商场碰到了想买的玩具”这个议题，我跟我儿子讨论过后的决定是：如果他在商场看到了想买的玩具，爸爸或者妈妈会把玩具的样子拍照存下来；如果回到家后他还想要，那我们就在网上买一个一模一样的。所以现在我儿子在商场的玩具店里看到心仪的玩具，第一反应不是抱紧了玩具倒地大哭，而是让我们赶快拍照。而我们回家后也的确会当着他的面下单结账，然后一家人一起等几天快递。

一开始我还担心这会让我的孩子变得“贪得无厌”，见什么要什么，但后来我发现，恰恰是这种“如果我想要我爸就会给我买”的坚定感，让他不那么容易被玩具打动。那些见什么要什么的孩子，恰恰是因为平时自己在买玩具的时候缺乏掌控感，反正爸妈大概率上不会给买，那还不如哭得惨一点，抱得紧一点，他们给买的概率可能还会大一点。

其实，让一个人守法，有一个特别好的诀窍，就是让他来当那个立法的人。

另外，顺便附送托马斯·韦斯纳“规则四核心”的另外三条：家庭能够在金钱和时间上负担得起，使之常规化；符合社会文化的目标和价值；可持续进行。

第三，举例子，别讲道理。

我特别见不得家长跟孩子苦口婆心地讲道理，并用这种方式来阐述规则，这简直是天底下最悲情的“对牛弹琴”。

家长跟孩子说话，一定要学会的一个基本技能就是“降维表达”。你的抽象思维和圆滑世故都不为孩子所有，所以很多我们看起来顺理成章的事情到了孩子那里就只能变成满脑子问号了。

大概半年前，有段时间我儿子总喜欢从地上捡东西吃。我一开始对他的教育堪称反面教材的典型：“叶平易，你从地上捡东西吃不干净哦！不卫生哦！以后不可以哦！”然后我就被同为心理学工作者的妻子取笑了：“你两岁的时候能理解‘干净’和‘卫生’的具体意思吗？”

我妻子的表达就比我接地气儿多了，她从儿子手中拿过他刚从地上捡起来的花生粒说：“这个东西是从地上捡的哟，”然后戳了戳他的肚子，继续跟他说，“吃了以后，这里会疼的。你还记得上周去医院打针的情形吗？”我儿子点头。“小朋友们如果肚子疼的话，是有可能去医院里住两天的哦。你愿意去医院住吗？”我儿子摇头。“所以从地上捡了东西，不要吃，要记得扔掉哦。你愿意把这颗花生扔掉吗？”接着她把花生递给了儿子，结果他很自然地把花生扔掉了。随后我们两口子分别表扬和鼓励了他。

需要注意的是，我妻子在跟孩子说这段话的时候，从语气到表情都没有恐吓的成分，而是尽量保持平静和友善。我们教育孩子是为了他好，那恐吓他干什么呢？况且我们也不希望孩子对医院产生什么不该有的恐惧感，不然以后再带他就医或打预防针就会有麻烦了。

别在孩子面前“掉书袋”，他听不懂。简单直接地告诉他“你的行为是什么”以及“如果你这么做，会发生什么”，然后询问他的观点和看法，孩子会通过你举的例子自己得出结论：该做什么，或者不该做什么。孩子不傻，他只是知道得少。

在做到以上三点之后，相信你已经得到了一套可以和孩子达成共识的好规则了。但规则执行过后，家长给孩子的良好反馈同样重要。设立规则是前期工作，对于规则执行的认可则是同样重要的后期工作。对孩子的认可应该如何表达呢？关于这一点，很多成年人都存在误区，那什么样的夸奖才是真正有效的夸奖呢？且待下节分说。

独立资本加油站

给孩子立规矩的方法很直接，就三步：理解、执行、坚持。在这一过程中，一定要注意以下三点：

第一，设立规则时，孩子的真正需求是第一位的，你的需求不是第一位的；

第二，设立规则需要家长与孩子共同参与；

第三，表述规则时要“降维表达”，少讲道理，多举例子。

02 提升自我效能，让孩子积极配合不是难事

在中国，去别人家做客时如果实在没话说，有一种寒暄是几乎没有任何风险的，那就是夸别人家的孩子。可是，那些夸孩子的词汇却很贫乏，不外乎“聪明”“漂亮”“可爱”“懂事”之类的浅显形容词。就算是像我这样没什么优点的人，小时候在过年时也会被长辈们夸上两句：“哎呀！长这么胖，身体真好！”

久而久之，家长夸自己家孩子的方式也变得越来越少，当孩子充满期待地向爸爸妈妈展示自己的成就时，很多家长都只是报以敷衍的回答：“挺好的。”

其实，夸孩子是一门远比那些不走心的评价式寒暄更为深刻的艺术，这种艺术最大的价值，就在于可以有效作用于孩子的“自我效能”，而这种心理能量对孩子一生的发展都是至关重要的。

• 儿童心理小课堂 •

自我效能，指的是一个人对于自己能否完成某项具体任务或能否应对某种情境的感受，它涉及能力判断、信念

觉察和自我认同，最早由美国心理学家阿尔伯特·班杜拉（Albert Bandura）于20世纪70年代提出，而后被大量发展心理学家、教育心理学家和积极心理学家深入地研究。

“它影响着人们的行为选择。”班杜拉在他的著作《思想和行为的社会基础》（*Social Foundations of Thought and Action*）中这样评价自我效能对人的影响。的确，一个人对自我的评价和态度直接影响着他的思维模式、情感反应，进而影响他新行为的习得、好习惯的养成以及抗击挫折和压力时的表现。

美国现代主义诗人爱德华·卡明斯（Edward Estlin Cummings）说：“一旦我们相信自己，我们就能用好奇心、求知欲、愉悦等一切能够展现人类美好品质的体验去冒险。”而孩子对于自我的认同，最主要的来源之一就是表扬，这些孩提时期建立起来的自我认同，也会成为他们日后投入成人世界的重要心理能量储备。

在很多情况下，让孩子打退堂鼓的并不是难度太大的任务，而是他对自己尚缺乏足够的信心和认可。

1996年，班杜拉率领研究团队调查了279名11~14岁的孩子及他们的父母，结论很好地证明了孩子和父母双方的自我效能水平都会在相当程度上影响孩子的学习成绩，同时，父母对孩子的激励方式也非常有助于提升孩子的自我效能水平。

然而，并不是只要“夸”孩子就能起到好的作用，真正优质的激励行为是建立在以下三个原则基础之上的。

敲黑板

“好孩子都是夸出来的”并不是一句养育鸡汤，而的确有其科学道理。很多时候，孩子有多大的精力、耐心和热情去追求生活中大大小小的目标，与其说是依托能力，倒不如说是依托自我效能。

首先，表扬和认可必须在行为结束或成就达成之后。

很多家长的表扬总是容易“抢跑”，以至于显得不够真诚。我们对孩子的表扬最好是在一个具体的节点之后，比如孩子完成了一个漂亮的手工作品，取得了一次不错的成绩，或是做了一次善意的助人为乐行为。表扬不应该发生在这些值得表扬的行为之前或行为之中。在行为之前，我们要做的是鼓励孩子投入并引导他具体怎么做；在行为之中，我们要做的是给孩子提供支持和适时的指导；而唯有在行为结束之后，等有了一个具体可夸奖和鼓励的结果时，我们才可以不吝言辞地夸孩子。

提升孩子的自我效能，一定要让孩子亲眼看到自己值得表扬的成就或者有效的进步，才能让鼓励落到实处。值得一提的是，有时候，孩子只要看到了自己的进步，甚至不需要你的鼓励，只要他感到自己的努力是有效的，他就可以获得自我效能的提升。

儿童心理小课堂

1981 年，心理学家申克（D. H. Schenk）挑选了一批数学成绩极差的小学生作为自己的研究对象，专门针对他们的自我效能进行了研究。申克为这些学生安排了为期一周的特训，同时选择了一种比较特殊的教学方法：他先让学生们自学数学教材，再单独安排一名数学学得不错的“榜样”向学生们演示怎么做习题。这位“榜样”一边做题，一边大声地说出正确的解题过程，最后再安排学生们自己来解题。

不过，在解题之前，申克要求学生们把所有习题都预先看一遍，同时判断一下自己有多大把握能解出每道题，随后再开始正式作答。这种学习方式让学生们真实地感受到了“我的努力有效果”，给学生们带来了切实的成就感，对他们的自我效能也有显著的刺激作用，更进一步提升了他们在数学这个自己的弱势学科上的自信心。他们解题的正确率和遇到难题时的坚持程度也得到了显著提高。在这项研究中，学生们获得的不仅是数学知识与解题技巧，更是对自信的一种培养。

其次，鼓励不应该涉及物质。

对孩子好行为的认可与夸奖，一旦涉及物质，就不再纯粹了。很多人以为“夸”是言语，而“奖”是物质，实际上，“夸”是言语没错，而“奖”的本质是成就的纪念，而非单纯的物质。大力神杯、奥布莱恩杯、奥斯卡奖小金人……单说这些奖杯，其经济价值肯定没有它们背后隐藏的纪念价值高。对孩子来说，夸奖不应该涉及物质奖励和奖品，而应该主要集中在言语、精神的高度认同，以及给难得的成就留下纪念上。

最后，家长应该积极寻找孩子值得鼓励的方面。

很多家长都觉得自家孩子没什么可夸的，那是因为你认为孩子身上值得夸的东西太少了。值得夸奖的其实远远不止成绩、才艺与天赋，好奇心、善良、专注、兴趣、幽默，甚至失败过后的乐观都是值得夸奖的。生活中不是缺少美，而是缺少发现美的眼睛。同理，孩子身上不是没有闪光点，只是有许多家长缺少发现它们的能力。

从这几个原则说开去，在赋予孩子自我效能的过程中，家长能做的、该做的也就呼之欲出了，请看以下五条。

第一，不要给孩子任何性质的奖励，无论以何种形式。

不少研究都发现，一旦孩子可以通过“良好行为”来兑换“实际利益”，就会导致他对物质，尤其是具有货币属性和一定流通属性的物质愈发敏感，那么他对事情本身的投入程度就会愈发下降。

结合我们生活中的实际例子，比如你这样鼓励孩子：“你今天表现得真好，妈妈给你买辆玩具车。”这种做法就是把鼓励变成了奖励，而奖励又让孩子的良好行为变成了交易所需的商品。其实，孩子那些好的表现很有可能是发自肺腑、打心眼儿里做出来的，可恰恰是家长“恩典”的一辆玩具车，就把孩子的这种主动性和内在动机给物质化、奖励化，甚至在一定程度上给货币化了，看似是“你好我好大家好”的双赢局面，可实际上家长轻而易举就毁掉了孩子对这件事情真正的投入与热忱。这种现象叫作“挤出效应”。

儿童心理小课堂

在一个经典的心理学实验中，研究人员给一群孩子分发了彩笔让他们画画，这项活动当然吸引了孩子们的兴趣。但孩子们被随机分为A组和B组，在作画之前，A组孩子得到了这样的信息：如果画得好，就有奖金拿；而 B 组孩子得到了截然不同的信息：我们想看看你的画。两组孩子都高兴地去画了自己想画的东西，画得也都很不错。研究人员事后也兑现了自己的承诺，A 组孩子得到了奖金，B 组孩子得到了赞扬。

三个星期后，研究人员又来观察这些孩子的日常表现，发现 A 组孩子大多已经不再主动去画画了，对美术的兴趣也有明显降低；而 B 组孩子对画画的热情始终不减，仍跟以前一样愉快地画着。此时，对 A 组孩子来说，唯有给钱才可以提高他们画画的兴致，而对 B 组孩子来说，不管你夸不夸奖，他们都喜欢到处涂涂画画，乐此不疲。

可见，奖励没用，走心的认同才有用。

第二，多夸奖孩子那些能增强其自主能力的特质。

有研究发现，夸孩子“聪明”不如夸孩子“努力”效果好。原因其实很简单：孩子对自己的聪明做不了主，但是对自己的努力程度可以做主。倘若孩子表现不错，家长夸他“聪明”，那么下次孩子表现没那么好的时候，他便会将此归因于自己“不够聪明”，而聪明的程度并不是一个人立刻就能改变的，孩子的自我修正意愿也会大打折扣。而夸孩子“努力”则会让孩子在遭遇挫折的时候有更正确的归因方式：“是因为我还不够努力，再多下点儿功夫就可以了”，进而转变为良好的行为结果。

除此之外，还有研究发现，夸孩子聪明会增加他在考试中作弊的概率，因为孩子深知“聪明”这项特质一旦丢掉了，就不太容易再拿回来，所以会用更极端的方法去维持自己的好成绩。

第三，不要让夸奖的强度超过孩子的真实水平。

有的家长在夸孩子的时候容易越界，比如孩子并没那么努力，却夸孩子很努力；孩子没那么勤奋，却夸孩子很勤奋；孩子没那么出众，却夸孩子“睥睨众人”“天下无敌”。不要用夸奖给孩子套上“皇帝的新装”，夸的时候大家可能一时爽，如果孩子某一天反应过来，觉察到自己其实并没有那么好，可能就会面对更大的打击和风险。夸奖也是应该建立在尊重客观事实的基础上，让孩子误以为拥有了自己没有的东西，其实是害了他。

第四，多夸两句，“高帽”不嫌多；多点表情，情感共鸣也是一种鼓励。

家长在夸孩子的时候，大可不必吝惜口舌与情感。很多家长，尤其是爸爸，在夸孩子的时候语言往往过于简单，只有一句“挺好的，玩去吧”，其实这很难达到孩子对夸奖的心理预期。除了漂亮的话语，情感共鸣也是必备的夸奖要素。当老板带着无所谓的态度跟你说“干得挺好”时，你是不是也觉得这种夸奖没啥意义？同样，当你夸孩子的时候，也请你看着他，带着些感情，提高点儿音调，多说几句。这样的夸奖才显得既有温度也有力度，才能让孩子觉得爸爸妈妈走心了。

第五，要夸孩子本人，别仅仅夸他做的事儿。

我们在夸奖孩子的时候，孩子本身应该构成夸奖的核心对象，而不是孩子做的某件事。一味地说："单词背得真棒！""积木搭得真好！""跟爷爷真亲！"这效果远远不如夸他："孩子你学东西真的很认真，学得真的很快！""孩子你真有创意，将来一定能成为特别棒的建筑师！""孩子你这么有礼貌，一定是个受欢迎的人！"

良好的规则意识以及足够的自我效能是孩子储备独立资本的重要保障。接下来，我们就从家庭生活的角度入手，详细探讨一些在当代家庭中需要重塑好习惯的典型场景。

• 独立资本加油站 •

想要赋予孩子自我效能，单纯的夸奖并不一定能带来良好的效果，真正优质的激励行为要建立在以下三个原则基础之上：

首先，表扬和认可必须在行为结束或成就达成之后；

其次，鼓励不应该涉及物质；

最后，家长应该积极寻找孩子值得鼓励的方面。

在此基础之上，你需要做到以下五点：

第一，不要给孩子任何性质的奖励，无论以何种形式；

第二，多夸奖孩子那些能增强其自主能力的特质；

第三，不要让夸奖的强度超过孩子的真实水平；

第四，多夸两句，“高帽”不嫌多，多点表情，情感共鸣也是一种鼓励；

第五，要夸孩子本人，别仅仅夸他做的事儿。

第 1 章

家庭：独立资本的储备起点

在中国，“有钱没钱，回家过年”的普遍认知，构成了这个时代全世界最大规模的周期性人口迁徙。究其原因，就是家庭为每个人都提供了一个身心的避风港。然而，在为孩子储备独立资本方面，家庭所扮演的角色，可不仅仅是个港湾而已。

绝大多数中国的新生儿在度过了出生后 80 个小时左右的观察期后，就和自己被包裹得严严实实的妈妈一起离开了医院的产科大楼，上车回家。而这个“家”，将在方方面面影响孩子的成长，除了给他提供安全感和庇护之外，父母、亲人、家庭的关系网络都会给孩子的独立资本发展提供三条通路：掌握技能、纠正问题、充分练习。

家庭对孩子的影响总是让人感到难以捉摸。虽然已经有大量研究表明，某种养育模式或者教养方法有着这样或那样的好处，但在家庭对孩子的塑造这个话题上，理论和实际总还是有些差距。很多次我外出讲课，都会面对一些这样的质疑："老师，我认识的谁谁家的孩子就不是这样的！""我爸当年打过我，你看我也没怎么样嘛！""我有个朋友，做的跟你说的完全相反，可他们家孩子特别优秀！"

敲黑板

在从原生家庭这个"学校"毕业之前，孩子要学会很多需要带到成年期、带进社会的技能，也有必要利用家庭成员的包容性，提前改掉各种大大小小的毛病。还有更重要的，就是孩子要珍惜在这个空间里足够的练习机会。

我觉得我们不应该刻意回避这种让人费解的矛盾。

的确，很多有出息、有名望的人，他们的父母都是多种多样的，有的有文化，有的没文化；有的有钱，有的没钱；有的信奉严苛教养，有的采用放养方式……他们唯一的共同点，可能就是没看过一本像我们这本书一样的讲科学教养的书籍。上小学的时候，我看过一套叫《自古英雄出少年》的书，发现"自幼丧父"是很多名人故事第一页就会出现的字眼，以至于让我一直对成功的条件多少有些误解。

这种事情可不少见。我们还会看见各种让人痛心的社会新闻，比如高知父母把孩子逼到厌学，高官爸爸养出了叛逆儿子，中产阶级的家庭生生把孩子逼上绝路……而这些父母好像又都信奉着某种颇说得通的养育理念。

但是话说回来，我们不应该让经过筛选的媒体内容，以及我们自己的个人见识蒙蔽了双眼。家庭对孩子的影响肯定是显而易见的，而我们要从一个更大的框架上去认识这个问题。

家庭对孩子最基本的影响，在孩子没出生的时候就决定了，那就是遗传基因。你的孩子是不是双眼皮，有没有乳糖不耐症，到了 50 岁是否容易谢顶，这些基本都由你和你配偶的基因决定。

家庭对孩子的第二个影响来自家长与孩子的交互。你怎么跟你的孩子交流互动，比如如何教他东西、如何帮助他改正错误的想法与态度、如何夸奖他、如何与他争吵、如何跟他体验一家人的温馨时光，这些都是互动。孩子通过跟你的互动，逐渐掌握了怎么去跟别人互动，进而发展到有一天你不在他身边时，他依然可以独立地完成与外界的良好沟通。

家庭对孩子的第三个影响来自家庭环境。家庭环境决定了孩子有没有更多的机会去体验新的事物、实践新的技能、练习并提升自己独立的能力。你想让一个孩子系统地掌握西餐礼节，恐怕首先要有带孩子吃顿牛排的钱吧？你想让孩子认识到阅读的重要性，恐怕首先要让孩子看到他的爸妈就有个大书柜吧？你想让孩子有朝一日出国以后，不要仅仅混在本族人群的圈子里，而是更多地跟外界文化和学术“牛人”多多交流，那你自己首先就不能在跟“老外”打招呼时发怵吧？

家庭对孩子的后两种影响，都会有效地落实在孩子独立资本的储备上，同时也是我们将在这一章深入讨论的重点内容。有很多技能，是孩子需要在家庭环境中掌握、打磨与练习的，从生活到社交，不一而足。

所以，接下来我们会讨论家庭如何帮助孩子建立起基本的生活习惯，比如好好吃饭；也会聊聊家长跟孩子交互时需要注意些什么，比如怎样尊重孩子逐渐萌芽的自我意识，以及怎么让孩子学会合理地向外界提出要求；同时，在亲子关系方面，我们也要避免孩子走向两种极端，一种是成为“黏黏糖”，一种是变得太“高冷”。除此之外，矛盾的爆发是难以避免的，而如何处理它们则是重要的独立技能，在本章的最后两节，会重点加以探讨。

所有这些技能，都是先在原生家庭中培养起来，再被孩子带离家庭，甚至带入自己组建的新家庭中，而这些都将是孩子在独立成人过程中必不可少的傍身之技。

01 养成良好生活习惯，从好好吃饭开始

在相当一部分中国家庭中，一个孩子的背后，并不只有父母二人的灼灼目光，更有着祖辈的投入与期待。而这种养育资源的搭配，很容易影响到一个家庭培养孩子的“节奏感”，甚至会让孩子的一些合理行为摇身一变成为给家长的“恩赐”，比如好好吃饭，自己睡觉、洗漱等。

在这样的大背景下，“追着喂饭”就成为现代中国养育中一个常见的奇葩景象。在不少家庭里，每到吃饭的时候，都会有一个满地跑的孩子，后面跟着一个端着碗、拿着勺的大人，撅着屁股寸步不离。让孩子吃饭连哄带求，顿顿如此，天天反复。

一家人一起吃饭原本是其乐融融的欢聚时光，不该因为孩子而成了战场。而吃饭是最基本的生活元素，家长非常有必要让孩子从小就养成相关的良好习惯，才能保证比较好的餐饮规律、营养摄入和生活节奏。

在家庭对孩子生活习惯的培养中，“吃饭”是最为典型的一种。这种看似基本的习惯，培养起来却仍要依赖具体的方法，家长有必要了解如何帮助孩子塑造良好的就餐

习惯，才不至于让他满地乱跑、非要“用动画片下饭”，甚至过度挑食。

生活中越是基本的事情，在习惯塑造上越是要开个好头。家长培养孩子“好好吃饭”宜早不宜晚，甚至从添加辅食开始，就应该在一定程度上注意规律了。与此同时，对于就餐习惯的正式培养，有一个很好的契机，那就是孩子断奶的时候。孩子断奶的时间大致介于12~20个月，这段时间其实都非常适合无缝衔接至吃饭习惯的正式培养。

培养孩子好好吃饭的总则很纯粹，只赋予吃饭这件事两个内容即可：吃饭本身以及饭桌上的交流。具体的行动包含下面这四条。

第一，保持就餐环境的单纯。

吃饭的时候，有食物、餐具和嘴这三样就够了。餐桌上的很多东西，以及大人带上餐桌的东西，都有可能给孩子带来负面影响，尤其是手机和平板电脑这类既让大人分心、又让孩子不好好吃饭的东西。这些东西很容易让大人做出错误的示范，也容易让孩子因为从小就看到大人边吃饭边玩手机而有了“本来就该这样”的错误认知。我们要让孩子知道，吃饭是一个愉快就餐和好好交流的过程。

第二，让自然惩罚来代替说教、逼迫和“哄”。

“饿坏了怎么办！”是很多老人满地追着孩子喂饭时，很爱说的一句话。可在今天，你见过身边有几个孩子“饿坏了”？那些为孩子不好好吃饭而深感焦虑的家长，依靠不断地妥协和强人所难，让孩子一次都没体验过“不好好吃饭”的真正后果。而在孩子看来，自己根本就没有“饿肚子”和“吃不好”的风险，甚至认为自己不吃饭，大人比他着急多了。其实孩子饿一顿没什么关系，没有哪个营养不良的孩子是饿一顿两顿导致的，而一定的饥饿感作为“不好好吃饭”的自然后果，能直接教会孩子该吃饭的时候要吃饭，让孩子掌握受益良久的好习惯，其实是非常值得的。

“自然惩罚”的概念最早来自 18 世纪法国思想家卢梭所著的《爱弥儿》，指的是“让孩子从经验中取得教训”。这也恰恰说明，“自作自受”是自然惩罚的重要属性。说教、逼迫和哄骗其实都在向孩子表达来自大人的要求，彰显的是家庭中管理者的意志，这种养育方式能够普遍存在，一个非常重要的原因是：它真的有效。但是除了“有效”，这种方式带来的负面影响也不容忽视。

• 儿童心理小课堂 •

2004 年，以色列学者阿维·阿索尔（Avi Assor）和盖伊·鲁思（Guy Ruth）与美国动机心理学家爱德华·德西（Edward Deci）合作，对百余名大学生进行了调研，询问他们原生家庭的养育模式，探讨与他们的学习成绩、身体健康状况、社交关系和自我情绪控制能力之间的关系。

结果显示，在家里大人管得多、管得严的孩子，的确更符合大人的期待，表现得也更“听话”，但是这种“听话”的背后隐藏着巨大的代价。这些孩子对自己父母的反感与厌恶水平更高，并觉得自己的行为和生活决策往往取决于“一种巨大的压力”，而不是“我自己发自真心的选择”。此外，他们在做一件事成功之后所获得的幸福感会更加短暂，并有可能在之后陷入对自我的否定状态。

在进一步的研究之后，研究者发现，不管是“报喜不报忧”的溺爱式养育，还是“棍棒底下出孝子”的严格管理式养育，从长远来看都有弊病。前者不能培养孩子的独立能力，后者又有损于孩子的自我认同。唯独更多地采用自然惩罚的观念，让孩子经历自主选择，之后在经验中完成学习，才会起到上佳的效果。

第三，每周至少安排三次“家庭聚餐”。

这种家庭聚餐未必需要大鱼大肉，但最好是家庭成员都能到场。社会学家芭芭拉·菲斯（Barbara H. Fiese）和马琳·施瓦茨（Marlene Schwartz）合著的一篇论文总结了不少前人的研究，他们发现，家长和孩子的家庭聚餐可以有效预测孩子未来许多方面的积极发展。这种聚餐包括父母和孩子一起买菜、选择食物、准备饭菜并共度就餐时光，这个过程可以极大地促进孩子的发展，并提升亲子双方的幸福感。而且一旦满足了如下一些条件，家庭聚餐的效果会更好：有规律地进行聚餐，精心准备每次聚餐，就餐体验让人愉快，没有电视、手机等电子设备的干扰。

作为一个工作节奏很快的父亲，我深深地知道，现在很多爸妈都很忙，顾不上跟孩子一起吃饭，更别说一起做饭了。但相信我，抽出这点时间，是物有所值的。在我家，一家人共度餐桌时光，聊聊天、说说话，对于和谐亲子关系的建立和孩子的成长帮助很大。我知道，很多人曾经受到过这样的教育：吃饭的时候别说话。的确，在很多场合边吃饭边高声说笑是很不礼貌的行为，但我们也不能矫枉过正，限制孩子在餐桌上和他人沟通。大家一起吃饭的时间，是很重要的交流机会，完全可以成为一次改善就餐体验、培养亲子关系的契机。

第四，尊重孩子的成长规律与个体需求。

这种尊重包括：允许孩子有不爱吃的东西，允许孩子在一定程度上参与食谱的制订，不对孩子做餐具使用上的揠苗助长。你是个成年人了，你是不是还有自己特别不喜欢吃的东西，比如香菜、香菇或者胡萝卜？同理，孩子对不同的食物也会有自己的喜好和厌恶，这很正常。家长需要自己先分清楚挑食、偏食和厌食的区别。现在孩子的食物可选范围很大，有一两样不喜欢吃的东西，也不一定就会造成营养不良这类负面影响。当然，如果孩子出现了只吃肉且一口菜都不吃的极端情况，那肯定就需要家长介入了。同时，为了应对孩子“每一样都不喜欢吃”这种情况的出现，家长也应该允许孩子在一定程度上参与食谱的制订，多做些孩子喜欢吃的东西。

有的家庭还喜欢让孩子早早就开始练习使用筷子，其实不宜让孩子过早开始练习使用复杂餐具。使用餐具对手部肌肉的精细化动作要求很高，孩子还是要先通过直接上手和使用勺子来完成基础练习。用手→用勺→用筷子，这是一个正常的发展过程，在每一个阶段的练习初期弄得一团糟，甚至还不如用简单餐具吃得效率高，这是必然的。因为嫌孩子吃得脏乱差而“越俎代庖”，孩子手上拿着玩具玩，家长一勺一勺地喂，则是中国家庭常见的误区。

餐桌上种种问题的一大集合，就是我方才提及的场景：孩子不肯坐着乖乖吃饭，非要跑着、玩着、看着动画片才肯吃。这恐怕是中国最常见的儿童就餐习惯问题，我家也碰到过类似的情况。

好在正确地树立规则与良好的亲子交互可以比较好地解决这个问题。

第一，控制就餐环境。一家人要寻找一个固定的空间和相对固定的时间来吃饭，不要带着手机、平板电脑和玩具上餐桌。吃饭就是吃饭，吃饭的时候不能做别的任何事情；吃饭时可以社交，但是只限于和正在吃饭的其他人；如果想玩，也可以，吃完了饭离开餐桌去玩，如果中途要下餐桌，那就没有回来重新用餐的机会了。

第二，要严格践行自然惩罚的原则。孩子吃饭是为了他自己，不是为了家长。如果我们求他吃饭、哄他吃饭，那吃饭就极容易被他误解为“是为了爸爸、妈妈、爷爷、奶奶”。加上孩子并没有体验过不吃饭的难受感觉，就更无法把“我午饭没吃”和“我下午好饿”这两件事联系起来。所以我们应该让孩子自己的胃来代替我们惩罚他。在我家出现类似情况时，我们强硬地拒绝了孩子边看动画片边吃饭的要求，结果不到两天，这个问题就解决了，我儿子已经可以很好地把自己吃饭的时间和看动画片的时间区分开，并一直持续到现在。

管控期间，如果孩子不吃饭甚至哭闹，你不要生气，不要挖苦他，更不要有什么“恨铁不成钢”的感受。你就好好地吃你的饭，向孩子表达一种“请开始你的表演”的态度就行了。你一生气，哭闹的孩子就有了爆发情绪的对象，这就把“他做错事”转变为“他和家长的对抗”，你不要自己投入到这种对抗中，这对解决问题没有帮助。但孩子哪怕有一点儿好转，愿意乖乖吃饭、没有不该有的要求，家长就应该即时地觉察与鼓励，这才能起到好的作用。

不过吃饭的烦恼并不局限在以上场景中。上述问题只是吃饭时的“内容”问题，还有一类典型的问题则是吃饭的“形式”问题。比如一定要坐在妈妈身上才吃饭，或者拒绝使用餐具，又或者紧闭嘴巴拒绝吃东西、挑食、嘴里含着饭不嚼不咽甚至吃了就吐出来等。

这时候第一件要做的事，其实是家长的自我检讨：是不是饭不好吃？太烫了？煮得太久了孩子嚼不动？还是孩子不喜欢吃这种蔬菜？如果都不是，那我们就该问自己另一个问题：“我给没给孩子循序渐进的机会？”

比如让孩子独立坐餐桌椅这件事，很多家庭都是快递一拆，就要让孩子改变持续了很久的坐在妈妈身上就餐的习惯，连“预防针”都不打，孩子当然不干了。其实可以尝试这样的分步走方案：首先，妈妈抱，跟孩子说过几天就不要再在妈妈身上吃饭了，孩子同意或不同意都没关系，我们先让他知道；其次，找个妈妈不在家吃饭的机会，让爸爸抱着吃一两顿，同时告诉孩子过几天会有一个很有趣的餐桌椅被寄到家；最后，如果孩子喜欢餐桌椅，愿意使用，那当然好，如果他不愿意，也可以先从早餐这种时间比较短的就餐过程开始尝试让孩子使用。小步子慢慢走，不要给孩子带来突如其来的巨大挑战，家长面对的抵抗就会小很多。

如果碰到孩子吃了就吐、不嚼不咽的情况，千万不要骂孩子或者拿下一口饭硬塞。吃饭本来应该是件体验不错的事儿，这样一来会很容易影响孩子整体的就餐感受。其实这时应该看看是不是有什么导致分心的东西在影响孩子，同时增强吃饭的趣味性，不管是把吃饭变成一场孩子与家长之间的小小“比赛”，还是用动画片里的情节来给孩子举例子说明问题，甚至全家玩一人一口“轮流吃”的小游戏，都是值得尝试的方法。

如果孩子把饭扔到地上、“玩”食物、弄得到处都是，不懂得“节俭”与“干净”又该怎么办呢？

这很正常，因为在孩子看来，什么东西都很新奇，都值得拿来“玩一玩”，不是说孩子会背《悯农》就彻底掌握了中华民族勤俭节约的优良品格的。孩子吃饭一团糟很正常，每个人在熟练掌握某项技能之前，都会表现得非常笨拙。这根本就不是个问题，这只是练习过程中需要付出的代价罢了。

千万不要因为怕脏怕乱，就剥夺孩子练习的权利。如果家长代劳，那对孩子自理能力的培养会有巨大的负面作用。不管是围嘴、饭兜还是餐盘，我们其实有很多方法可以给孩子创造一个“自由祸害”的空间，而孩子也非常需要这个空间。这个空间不仅意味着“我说了算”，还给进行练习提供了合适的场地。

从我家孩子两岁时开始，我们两口子就会时不时地带他去上厨艺课以及与食品相关的体验课。3 岁之前，我儿子做过蛋糕、比萨、汽水，制作的过程也让他体会了食材是怎么一步步变成食物的。当他喝到自己制作的汽水时，他会小心翼翼不舍得浪费，而这时，他对食物才有了更深刻的认识。

在帮助孩子学会好好吃饭的过程中，自然惩罚是个非常不错的解决问题的切入点，但每次我在培训中讲到这个知识点时，都会有家长提出异议："老师，吃饭饿一顿也就罢了，如果孩子提出了各种不合理的要求，跟我们产生了直接的对抗与冲突，自然惩罚根本就不好使了，那该怎么办呢?"

的确，自然惩罚在适用性上也存在边界，而孩子的不合理要求显然在这个边界之外。面对因亲子双方的诉求差异而导致的矛盾，我们到底该怎么向孩子说"不"，又该怎么对待向我们说"不"的孩子呢？且看下一节。

独立资本加油站

培养孩子好好吃饭的总则其实很纯粹，只赋予吃饭这件事两个内容即可：吃饭本身以及饭桌上的交流。具体的行动包含下面这四条：

第一，保持就餐环境的单纯；

第二，让自然惩罚来代替说教、逼迫和"哄"；

第三，每周至少安排三次"家庭聚餐"；

第四，尊重孩子的成长规律与个体需求。

02 叛逆期，学会有技巧地跟孩子说“不”

从孩子有一定的自主能力开始，家长就要同他们各种各样的不合理要求做斗争了。不管是中国妈妈还是外国妈妈，都明白“可怕的两岁，恐怖的三岁”代表着一个极为特殊的阶段：孩子生命中的第一个叛逆期。

孩子可爱、乖巧、安静的依偎变得越来越少，取而代之的是登高爬低、满地打滚、不让干什么偏干什么、想哭就哭、想叫就叫，随之而来的是总被逼到濒临崩溃的家长：不管不行，管了没用，气到发抖但是无所适从。这个时期的孩子，仿佛一夜之间就从天使变成了大规模杀伤性武器，破坏你的心情，让你无处可逃……

不过说实话，孩子开始有了自己的主意，甚至还挺叛逆，其实也是一件值得高兴的事情，起码说明孩子的发育挺正常的。

● 儿童心理小课堂 ●

两三岁时，孩子的大脑正处于一个高速发展的时期，它一直在加班，所以难免过载。其实孩子从一出生就有着跟成人大脑差不多数量的神经联结，但这种情况持续不了多久。2~3 岁是孩子快速建立新的神经联结的时间段，到 3 岁时，孩子大脑中某些特定区域的神经联结甚至已经增长了 2~3 倍。不过这个阶段也持续不了多久，因为在孩子 8 岁前，这些联结会被大量地修剪与整理，直到重新回到跟成年人差不多的水平。等孩子到了青春期，这些神经联结又会再一次进入增长爆发期，一直到他们 18 岁的时候才能重新回归稳定。

大脑神经联结的整个发展趋势是一个“双驼峰”，而两个“峰尖”分别位于两岁和十四五岁，从神经连通性的角度来看，两岁孩子的大脑极为活跃，尽管还达不到青春期时的活跃水平，但这种“头脑过热”的状态也是他们在这个年龄段显得非常叛逆的根本原因。

这就导致孩子出现一系列让家长感到闹心的行为。归结起来，我儿子两岁多的时候最让我闹心的就是“让做什么不做什么，不让做什么偏要做什么”。最典型的一个行为就是在电梯里跳。小孩子在电梯里跳来跳去总是会让家长遭遇他人白眼的，但我家孩子偏偏是你越说不让跳，他越爱跳。甚至有时候你说过之后他虽然不跳了，但等你一扭脸不看他，他就立刻开始跳，仿佛是故意挑衅一般，真的是很容易让人生气。

与此同时，刚懂事的孩子在表达拒绝别人或者自己被拒绝的时候，通常都不太容易做到和平解决。发脾气、大哭甚至倒地打滚儿都是难免的。

我的一个朋友在他儿子两岁多的时候，天天晚上要花半个小时来给孩子穿睡觉的衣服。那个孩子每天晚上洗完澡被浴巾裹着抱进卧室，爸爸妈妈准备给他穿内衣裤的时候，他没有一次是配合的。绝大多数情况下，他会光着屁股半湿着身子满床跑，而家长和颜悦色地要求他穿衣服又根本不管用，一言不合孩子就生气，还会从床上抱起枕头或者拿起闹钟来砸他们。所以每天晚上睡觉之前，他家都会爆发一场家庭战争，直到家长大发脾气，孩子号啕大哭，弄得一家三口晚上睡觉时心情都不好，爸妈气鼓鼓，孩子脸上挂泪珠。

除此之外，对一个字的掌握，也让孩子们突然变得不讲道理起来，这个字就是“不”！自从学会了这个可以表达拒绝的词，孩子们似乎就不可救药地爱上了它。“我！不！要！”“不行！”“就不！”是低龄孩子非常喜欢使用的短语。我儿子一度用这个字眼把我气得够呛，我凶他：“张口就是‘不不不’，我干脆给你改名叫‘不不’算了！”

对孩子来说，似乎生活中的万事万物都可以拒绝，一个“不”字可以搞定一切。吃饭不吃，穿衣不穿，睡觉不睡，洗澡不洗，出门不挪窝……自己主意大得很，才不管家长是和颜悦色还是黑着脸数落，统统不好使，什么要求都能用“不”怼回去。

敲黑板

其实说“不”的最大功能在于凸显一个人的自主性。服从并不能表现出一个人的独立性，但拒绝可以，而孩子们在建立自我意识的重要阶段，尤其喜欢用说“不”的方式来锻炼自己掌控当下情境的能力。

可孩子的这种练习往往太过频繁且斩钉截铁，以至于很容易让家长心理崩溃。很多家长觉得上述这些无理取闹的行为就是典型的以自我为中心，实际上，这是孩子在探索行为的边界。在两岁之前，孩子并不认为自己跟别人有什么区别，也不能很好地建立自己的个体意识。这段时间里，如果他喜欢吃糖，他就会觉得所有人都喜欢吃糖，因为他不能理解人与人之间的不同。

孩子两岁之后，便会采用各种各样的手段来了解、试探别人跟自己的不同，甚至挑战这种人与人之间的差异。两岁的孩子经常会表现得像一个叛逆的小皇帝：不让我干的我非要干。这么做的原因，其实并非刻意挑衅父母，而是为了探究这种人与人之间的差异。

假设你是个两岁的小孩，你发现一旦逾越了自己的行为界限，就能有机会观察他人对此会报以怎样的反应，于是你就一次又一次地重复，直到把大人“逼疯”，以此来确定自己的实验结果。很快，你就可以依靠这种方法了解周围人各自不同的喜好和底线：也许爸爸容易发火，而妈妈需要烦好几次才生气。这个过程并不存在什么刻意的挑衅，而更像一种游戏，可惜大人并不这么认为。甚至有的时候，孩子还会时不时地重新验证一下自己之前得出的实验结果，再把妈妈“逼疯”一次，以此验证：“我妈还没变，之前对她的评价依然有效。”

这就是为什么两三岁的孩子如此“可怕”的原因，因为他们有高速发展的神经系统，同时还在用不断试探底线的方式来学习生命中重要的新知识：原来人与人是不一样的。

在养育孩子的过程中，不仅孩子会说“不”，家长也要学会有技巧地说“不”。孩子高效地学习成长，总是会让家长意外地发现他们“长大了好多”。不过产生如此感觉的原因，有时是孩子更懂事了，但更多时候是孩子会提出各种各样并不可行的要求，比如非要摸电门，非要下河玩水，非要多看一会儿电视，非要买刚刚看上的一件玩具……孩子跟家长说“不”的时候都是斩钉截铁的，而家长对孩子说“不”却很容易遭到反抗，或者如泥牛入海般全无效果。

孩子长大了，变得更有自己的主意了，而且也拥有了自己的执念，这有时会让家长感到非常为难：面对孩子的小执念和各种要求，到底该怎么正确地跟他说出“不”这个字，才能既保障孩子的安全与快乐，又兼顾自己的情绪呢？

孩子要求的不合理性，大致可以分为两种：一种是要让家长付出一些不愿意付出的成本，比如在商场里倒地大哭要买玩具；另一种则是因种种原因缺乏可行性，比如长时间地看电视，或是下暴雨时出门玩踩泥坑的游戏。

敲黑板

不管面对哪种情况，家长在说“不”的时候都应该秉持一个根本原则：不要让“不”仅仅是“不”，只有加上共情、解释与指导，才能给拒绝赋予更大的价值。

很多家长拒绝孩子、约束孩子时只会说“不”，而不向孩子解释为什么，这其实就犯了原则性的错误。

很多家长自己也很爱说“不”，比如：“不行！”“不要再闹了！”“不可以！”你可以试试在自己跟孩子独处的时候打开手机的录音功能，录上一个小时再抽空回听一下，数数自己说了多少个“不”字，顺便也数数孩子说了多少个“不”字。

很多家长跟孩子的对话是这样的：

“把衣服穿上！”

“不！”

“不行！必须穿！”

“我不穿！”

“我说了不行，现在必须穿！”

……

简单来说，这样的对话其实就是个互相否定的过程，对于如何更好地解决矛盾，双方都避而不谈。我们是成人，我们有能力也有责任更主动地去打开局面解决问题，所以，先从调整自己的语言开始，更多地去说该怎么做，而不是不停地说不该怎么做，比如：“如果这样肯定会更好。”“你这样会影响到别的人哦。”“慢一点，停下来。”

至于如何应对刚才提到的两种不合理要求，面对第一种情况，最好的做法是向孩子表达这样一种观点：你想要做什么事是你的事，我想要做什么事是我的事，你有你的态度，我也有我的态度，有矛盾咱商量着来，不要互相胁迫。

面对第二种情况，家长要做的是：先制止孩子，然后再心平气和地好好谈谈。当然，孩子想做的事情被阻止了，他是很难心平气和的，如果家长在这个时候也跟着急眼，教育就很容易变成争执。

原则总要依托于有效的方法才能实现，而高喊“不行！”这种以暴制暴的方式是不可取的。那应该怎样做呢？有以下五条建议。

第一，态度好一点，说“不”的时候艺术一点。

我们跟外人都挺客气的，但在家人之间都习惯特别直接地表达自己的观点：“不行！”“不可以！”“不要！”

当孩子做出一个我们不希望他做出的举动时，很多家长其实没有静下心来想一想：“孩子是不是真的提了一个不合理的要求？他现在做的这件事是不是真的不对？”很多家长对孩子的拒绝是下意识的，又特别爱给自己辩护，实际上却少了一点应该为孩子做出的牺牲。

很多时候，孩子只是感到好奇、新鲜，他想多看看、多玩玩、多摸摸、多碰碰，但是大人可能很难理解孩子这种对万物的好奇，有时为了着急赶路，有时为了少洗两件衣服，有时为了少帮孩子洗一次手，于是就没有站在孩子的角度，设身处地地替孩子想想他这么做是不是天性使然。对很多家长来说，说“不”之前，先要琢磨一下这个

“不”字到底该不该说。

第二，可以否认孩子的行为，但千万别否认孩子本人。

我们可以跟孩子说：“这样做不行哟！”“这样做不可以呀！”“吃这个肚子会疼的哦！”但是千万不要跟他说：“你每次都这样！”“你怎么记吃不记打！”“说了多少遍了，怎么就是不改？”“你这孩子就是这么不爱干净，不讲卫生！”“你这孩子老是这样任性，如此淘气！”

我们可以否认孩子的行为，因为行为毕竟是比较好改、能够纠正的。当孩子发现自己的行为有误，并知道该怎样做才对以后，只要愿意改，那就立刻能“改邪归正”。如果我们上来就给孩子的人格定了性，说他是个什么样的人，那就不太好办了。因为大人和小孩心里都知道，想改变人格可不那么容易，倘若你在说“不”的时候很爱给孩子附赠一个标签，那就很容易激发孩子“我反正就这样了”的对抗行为，甚至逼得孩子“破罐子破摔”。

第三，不要让孩子认为犯错误是一件可耻的事情。

人非圣贤，孰能无过。大家都会犯错误，你长这么大，也不是一路 100 分考到今天的。很多家长为了强调犯错误的严重性，总是会跟孩子表达出“你犯了错误，是你不好，这样做给家长丢人”的态度。让孩子因为犯错而产生羞耻感，是很多家长的惯用招数，这招好用是因为孩子在乎我们，也在乎他自己在我们眼里的形象。当这种在乎变成我们要挟孩子的资本时，孩子就会产生一种错误的社交模式：过度迎合与取悦自己在乎的人。这不是什么好习惯，不管是在幼年还是成年以后。

第四，以盟友的姿态说“不”，尝试现身说法。最好的约束，是帮助孩子进行自我约束。

家长应该更多地跟孩子交流“如果你这样做了会怎样”，然后再跟孩子共同得出最终的结论。这样一来，你就不是站在孩子的对立面，而是与孩子结盟，共同得出了“让我们不要这么做”的结论。很多家长在管理孩子的时候急于跟孩子“死磕”，我们更应该担当的角色，其实是老师、教练、顾问、军师，甚至是马仔，我们跟孩子是一伙人，不是交战双方，家长不是为了跟孩子“死磕”才站在孩子的对立面的。成人比之孩子，最大的优势就是经验，我们可以给孩子讲讲故事，现身说法地聊聊自己的经验或教训，这也是非常可取的技巧。

第五，跟孩子“约法三章”，丑话说在前面，而且要让孩子自己说出来。

孩子的有些不正当要求往往在提出正当要求之后又提出来。比如孩子想看动画片，其实这要求挺正当的，这个年代，哪个孩子哪天不看会儿动画片呢？如果这个孩子看了 20 分钟，说“还要看”，看完又说“还要看”，这就有必要约束了。

面对这种情况，家长一定要掌握“约法三章”的技术：丑话说在前面，而且要让孩子自己说出来。我们在孩子提出要求之前，先跟他一起约定：“想吃糖？可以！吃多少呢？”“想看电视？可以！看多久呢？”咱先说明白。“约法三章”不仅是成人之间打交道的好办法，跟孩子打交道也一样适用。你跟孩子说好的约定，让孩子自己亲口说一遍，才能成为有效力的约束。

2017 年过年的时候，我儿子两岁三个月，我们一家子去云南游玩，走的都是一些小地方。来到一条小溪边，我儿子兴奋了，从地上拎起一根树枝，特别欣喜地跑来跟我说：“我要去钓鱼！”

我很困惑：“这么小的孩子拿根破棍儿钓哪门子鱼，瞎胡闹呢？”但是我儿子满心热情地拎着树枝，三步并两步就往河边跑。那条小溪水流挺急的，又没安全保障，由不得多想，我一把把他拦了下来。

说实话，我当时就有劈头盖脸训他一顿的冲动，说些类似这样的话：“你怎么这么不懂事啊！很危险，你知不知道啊！掉河里冲跑了你就高兴了啊？”

但这是一种典型的错误做法。我们面对一个年龄尚幼的孩子，是不应该用这么简单粗暴的方式来跟他表明自己的态度的。

于是我拦住他，蹲下来和他说："在这里钓鱼跟在商场里面玩钓鱼游戏是不一样的，这里的水是会动的，万一你掉下去，爸爸都追不上你。"

我儿子当时不太理解"水是会动的"意味着什么。于是我捡了一块木片，扔进湍急的溪水里，湍急的溪水立刻卷着木片直奔下游而去。

"你现在能追上那块木片吗？"

我儿子摇了摇头。

"你要是掉下去了，我也追不上你。我知道你还想钓鱼，但我不会同意的。"

我儿子站在那儿不说话，他的执念开始作祟了。

"我们可以在这里停留一会儿，也可以继续往前走走，看有没有其他合适让你钓鱼的地方。你自己决定吧。"

他撇了撇嘴，抠了抠手，一个向后转，我们就再次出发了。

孩子都很期待自己的要求能立刻得到满足，有的孩子尤其如此，不给他想要的东西，比如玩具、糖，就开始大哭大闹。我家孩子有时也会在公共场合失控，倒地不起，大喊大叫。很多家长碰到这种情况时，第一反应是"嫌丢人"，然后就会在妥协和暴怒中二选其一。但请尽量别这么做，因为孩子已经失控了，要是家长也跟着失控，那肯定没有好结果。

如果那是非常严肃的公共场合，比如有一次我儿子在日本京都的大德寺突然大哭不止，那不用多想，快速强制性带离现场，教育孩子不能牺牲别人的正当权益，其他人没有义务给你家孩子的健康成长买单，这是对公共秩序的基本尊重。

如果发生在商场、超市、玩具城，面对倒地不起的孩子，我建议你迅速蹲下，拍着孩子的后背，轻声安抚，并鼓励他自己站起来，而不是对他说“你要是闹你就在这里闹，妈妈先走了啊”，然后佯装离开。

大人千万不要自己失控，这是重点。你一失控，事情就会从孩子发脾气变成你跟孩子对抗，而对抗总是有赢家的，没分出胜负就不算完。

虽然孩子在号啕大哭，但你依然要平静地拍着他的后背，然后主要向他表达以下四个方面的内容。

一是表示可以理解他很想要这个东西。比如这样说：“我知道你很想要这个玩具。”“我明白你还想再吃一颗糖。”“我知道你想再多看一会儿电视。”

二是解释为什么不可以。比如这样说：“可是同样的积木咱家里已经有一套了啊。”“再吃糖的话，牙会长虫虫了，到时候就不得不去看牙医啦。”“老看电视，眼睛都疼了，你看你都揉眼睛了。”

三是提供解决方案。比如这样说：“我们往前看一看，看有没有你更喜欢的玩具？”“明天我们在去幼儿园的路上，让妈妈给你准备一颗好吃的糖！”“今天看电视的时间到了，但是睡一觉到了明天，就有了新的可以看电视的时间了啊！”

四是顺坡下驴地扶一把。比如这样说：“好啦，妈妈知道你难受，想要玩具，但你是懂事的孩子，来，站起来吧！”

说完这些，孩子完全可能依然老大不情愿，但总比爸妈跟孩子拼得两败俱伤来得好。只要你的解决方案切实有效，也对孩子足够诚信，你就会发现孩子越来越愿意主动跟你商量，而不是用满地打滚的方式来要挟你。

我儿子有一个让我很多朋友都十分羡慕的优点：看电视到了约定时间，会自己主动关掉电视机。这是怎么做到的呢？

其实从他第一次看电视开始，我们就给他限定了单次最长时间：20 分钟。每次看电视前，我们都会问他：“儿子，看多长时间啊？”“20 分钟！”他永远这么回答，因为他并不知道还有什么其他的可选项。从他第一次看电视到现在，每次都被灌输“只看 20 分钟”的概念，这已经在他心里形成了相当的认知惯性。

因此我们就培养出了孩子相当好的看电视习惯。每当我儿子跑来找我：“爸爸，我要看电视！”我就会回应他：

“我同意，去问问妈妈同意不同意。”于是他颠儿颠儿地跑到妈妈那里再问一遍。当妈妈首肯后，我就会问出那个每次都会问的问题：“看多长时间啊？”我儿子也会斩钉截铁、不假思索地回答出每次都会回答的答案：“20 分钟！”随后我便给他打开电视，调到动画片节目。

我家有一个声控计时器，动画片一开播，我就给计时器上一个 20 分钟的闹铃。这个闹铃有个很重要的功能：它让家长不用站出来给孩子提负面要求。20 分钟后闹铃一响，是计时器提醒孩子关电视的，而不是我们。所以每当计时器报警时，我就会远远地喊：“儿子，计时器让你关电视了啊，提醒你了啊。”

有时赶上剧情正播到关键时刻，我们也会允许他多看一会儿，但不会关掉吵闹的计时器。计时器会孜孜不倦地一直在那里提醒：你该关电视了。我儿子也会主动去把电视关掉，这时我就会声控计时器，把闹铃停下来。

只要有好的方法，就可以没有哭闹、没有争执、没有坏习惯。

总之，说“不”是有艺术的，最重要的一点是，说“不”需要额外的共情、解释与指导，才能真正有效。我们刚才提及了一个很典型的场景：孩子看到了心仪的玩具，想要却得不到家长的支持。这其实是一个颇具共性的场景，完全值得更进一步深入探讨。那就请看下一节。

独立资本加油站

面对孩子的叛逆，高喊“不行!”这种以暴制暴的方式是不可取的。你当然要有你的原则，但总要依托有效的方法才能实现。具体来说，有以下五条建议：

第一，态度好一点，说“不”的时候艺术一点；

第二，可以否认孩子的行为，但千万别否认孩子本人；

第三，不要让孩子认为犯错误是一件可耻的事情；

第四，以盟友的姿态说“不”，尝试现身说法。最好的约束，是帮助孩子进行自我约束；

第五，跟孩子“约法三章”，丑话说在前面，而且要让孩子自己说出来。

03 物权意识+财商意识，止住孩子的无尽欲望

大人有自己的兴趣爱好，孩子也有自己青睐的东西，这再正常不过了。大多数父母都体会过：带孩子去逛街，他看到心仪的玩具就吵着喊着非要买，不给他买就满地打滚，吸引了很多异样的目光；孩子平时看见别人有什么新鲜玩意儿，也一定要有，甚至还要抢走了直接带回自家；再比如，有的孩子会显得过于“馋”，一看见零食，尤其是别人手上的零食，就走不动道儿。

敲黑板

面对孩子的无理要求，家长总是要拒绝的。但只有在拒绝中添加了尊重的成分，才能促成亲子之间达成共识，带来孩子行为上的真正改变。

家长可以告诉孩子：“我知道你很想要，但对不起，今

天我们不能买。”不要把每一次孩子想买东西都看成一次蓄谋已久的不听话。不管表现形式是否恰当，我都认为孩子对玩具、零食的喜爱与拥有欲在那一刻是真实与纯粹的。这种纯粹的喜欢应该被羞辱和否认吗？其实并不合适。

我记得我小时候跟奶奶要过一把塑料玩具枪，奶奶的回答我一直记得非常清楚：“买什么买！家里的玩具比院子里哪个小孩的都多！不许买！无理取闹！”伤害我的其实不是“不给买”，而是我实在不明白“想要自己喜欢的东西”怎么就成了无理取闹。我们在面对想要某个东西，甚至撒泼打滚非要买的孩子时，一定要注意别失控，他想不想要那个玩具，跟你要不要给他买，是两件事儿。咱们可以不给孩子买，但也别干预人家喜不喜欢。认可孩子对这件东西的喜好，然后表达：我尊重你的“想要”，也请你尊重我的“不想买”。

对于习惯了跟孩子说硬话，甚至总在拒绝的话语中夹杂明显敌意的家长来说，做出如下五条改变，会更有助于提升你对孩子的影响力。

第一，可以拒绝孩子，但别伤害孩子。

家长一定要明白，绝大多数场合下，“孩子要不要”与“家长给不给买”是两个分离的问题，你如果不想给孩子买，那你告诉他并执行就好了，大可不必让自己和孩子同时陷入竞争的状态中。如果把“想要”与“不买”变成一种“死磕”，那孩子肯定会越哭越凶、越滚越起劲儿，因为这已经变成他试图“战胜”你所用的武器，而不再是表达需求的方法。

第二，民主氛围很重要，孩子其实也有拒绝你的权利。

关系都是相互的，如果想让孩子学着接受你的拒绝，你其实也应该让孩子体验到拒绝的意义和感受。如果家庭变成家长的“一言堂”，孩子的所有拒绝都被直接扣上“不听话”与“不乖”的帽子，那孩子其实就不太能够理解为什么父母会拒绝他们。

第三，尽早给孩子培养正确的物权意识，并提高孩子的财商水平。

孩子其实需要尽早建立起类似“什么是我的”“什么是别人的”“什么是大家的”这样的物权意识，甚至需要在两岁半以后就建立起一定的“财商意识”：明白买东西是怎么回事，钱是怎么使用的，甚至开始尝试自己攒钱来买更贵的东西。这些训练能够有效地帮助孩子理解东西不是说要就能有的，别人的东西不是说喜欢就能拿的，贵重的玩具不是家长说买就能买的。

有时候，我们不给孩子买东西，是因为超市、商场里的东西性价比和质量实在太差了。网上卖三四十块钱的，有的商场敢卖一百多块钱，这自然让我们觉得买下就是掏了“冤枉钱”。如果你决定当下不给孩子买，没关系，但你有必要让孩子知道，现在不买，然后呢？要提出一个解决方案，大家才有的谈。

为了培养孩子的物权意识，提高孩子的财商水平，我建议家长给孩子买个存钱罐。孩子其实不知道家长的血汗钱来之不易，也不知道贵重的物品是需要攒下钱来才能买得起的。所以我建议 3 岁以上的孩子就可以拥有一个自己的存钱罐了。通过存钱罐，以及跟存钱罐有关的互动，孩子能更多地建立物权意识、积累意识和交易意识，也能培养他们珍惜“自己的东西”以及尊重“别人的东西”的品质。

每次去超市前，我们都会简单地跟孩子说明，今天要买些什么东西，也顺便问问他需要买点儿啥，最后再一起对今天逛超市的活动做一些目的上的约定。如果孩子在商场看到了想买的玩具，他会跟我们提出来。因为我们对孩子的需求一向报以尊重和认可，所以向我们提要求对他来说是很安全的，没有必要声嘶力竭。

第四，事先“约法三章”，为问题的解决打好“预防针”。

前面也提到过，在与孩子交互的过程中，“约法三章”是很多家长都会使用的方法，这个技巧有时候可能未必好使，但就算没用，也还是要做的。比如很多家长都知道，带孩子去超市前要“约法三章”，先跟他说好什么能买、什么不能买，但实际效果并不尽如人意，毕竟孩子不像大人，拥有经多年磨炼而成的卓越自控力和道德感。孩子在超市看到想买的巧克力并拿在手里时，就算全家在去超市之前就已经说好今天只买肉、蛋、菜，不能买饮料和糖果，而且孩子当时也同意了，那也未必好使。就算孩子知道理亏，他也还是真心想要。

可是，有“约法三章”在前，如果出现了这样的情况，家长最起码有话可说，这本身就是交流的一个切入点。家长和孩子之间可以展开这样的对话：“我们之前有过承诺，我们应该违背承诺吗？”而孩子通常会表示：“我们应该说话算数，不应该违背承诺。”于是家长就可以接着说：“那把糖果放回去吧，我们之前说好了不买的。”之后孩子完全有可能继续执拗地低头不表态。但家长也完全可以继续跟孩子说：“如果可以说话不算话，那爸爸答应了你的事情，要是不想做了，是不是也可以不做？你会不会难受？”话说到这个份儿上，在良好的共情诱导下，如果再配上几句安慰的话，孩子通常就会松手了。

“约法三章”未必有直接的约束作用，但“约法三章”为问题的解决提供了一个不错的由头。

第五，适当提升养育环境的丰富程度。

很多家长其实忽视了这样一点：提升养育环境的丰富程度，能降低孩子“见啥要啥”的概率。我爸老跟我说，他小时候条件艰苦，有个姑姑在城里的糕点厂上班，能弄一点甜滋滋、黑乎乎的糊蛋糕碎给他们兄妹几个，这成为了孩子们大快朵颐的重要机缘。“那东西搁在今天都是致癌物，没法吃的。”他接着说，“我上班后挣了钱，第一个月发工资就买了一斤水果糖回家，一直吃到齁嗓子。”

贫乏的环境自然会酝酿出“见什么要什么，见什么馋什么”的冲动。很多家庭认为不让孩子接触任何糖类和巧克力就可以让孩子远离馋甜食和蛀牙的风险，实际上很可能会起到相反的效果。很多时候，我儿子想买些零食糖果，或者想买个玩具的时候，我是同意与认可的。上次全家去日本，我甚至专门带孩子去买日本特产的精致火车模型，等回了国，我儿子看见超市里的火车模型都会说“没有我的好”，然后再也没要过。“如果我要求合理，我爸妈就会给我买的。”拥有这种信念，孩子才不会见啥要啥。

至于当孩子看到别人的东西不错，也总是吵着想要，我们又该怎么办呢？

其实攀比心是随着一个人的长大才逐渐出现的，两三岁孩子身上那些“别人有我也要有”的想法实在算不上攀比，而更多的是一种占有欲。等到了四五岁，孩子这种

“他有我也要”的想法才会真正上升到自我认同与社会评价的层面。

我有个同学，女儿 5 岁了，长得特别可爱，我这位同学也非常注重孩子的穿着打扮，虽然没明说过，但我知道，她内心想把孩子培养成一个“小童星”。

有一段时间，这个小女孩慢慢开始有自己想要的东西了，比如看见别的女孩有好看的发卡、发绳、裙子，她都想要，有一天甚至还不打招呼直接拿走了幼儿园同学的一个发卡。

我这位同学就特别伤心，跑来和我说：“孩子这么爱攀比，太虚荣了，以后可怎么办？”

我就问她：“平时是不是总夸女儿穿某条裙子好看，戴某个发卡好看来着？”

她想了想，点点头。

然后我就告诉她：“你总是这样评价孩子，孩子也就容易通过一些好看的裙子、精美的发饰来获得自我认同。为了一直得到这种赞美和肯定，她当然希望别人的好东西，自己也能有。你以后一定要把肯定孩子的重点放在孩子‘做了什么’上，比如‘你今天很干净、很勤快’等。”

我这位同学听了之后，就尝试着改变，后来她告诉我，在修正了对孩子的评价体系之后，孩子的确改变了很多。

在孩子年龄尚幼的时候，出现这种想法和行为很正常，倘若不伤大雅，又在你力所能及的范围内，孩子喜欢什么就给买一份，其实也不至于产生“惯坏了”的负面影响。倒是等孩子长大了，如果他总是通过“有什么”来获得自我认同，那就真是一种不太好的倾向了。

敲黑板

我们在日常教育孩子的时候，应该把评价与引导的重心放在孩子“做了什么”以及“拥有什么样的品质”上，而不应该放在他“拥有什么”上。

比如，我们如果总是夸孩子“你这条裙子真好看!”“你的玩具枪真帅气!”那就很容易让孩子把这些积极评价归因于裙子和玩具枪。当他们看到了更好看的裙子和更帅气的玩具枪时，为了把自己的美丽与帅气保持在比较高的段位上，他们当然就会产生靠物质进行攀比的行为。唯有我们多夸孩子“知识面广”“很善良”“擅长体育”等，才能让孩子走上寻找自我认同的正确道路。

纵然大家生活在同一个屋檐下，但身为不同的独立个体，依然会有矛盾和摩擦。好在大多数情况下，亲子间的共处还是温馨而甜蜜的。不过在当今快节奏的生活中，很多父母其实并没有太多时间来高效地陪伴自己的孩子，这就导致了一个问题：亲子相处时经常产生“剃头挑子一头热”的情况。倘若孩子和至亲显得不够亲近，又有什么办法来更好地培养亲子关系呢？接下来我们就来探讨一下这个问题。

• 独立资本加油站 •

面对孩子的无理要求，家长在拒绝的时候首先要做到尊重孩子。此外，做出如下五条改变，会更有助于提升家长对孩子的影响力：

第一，可以拒绝孩子，但别伤害孩子；

第二，民主氛围很重要，孩子其实也有拒绝你的权利；

第三，尽早给孩子培养正确的物权意识，并提高孩子的财商水平；

第四，事先“约法三章”，为问题的解决打好“预防针”；

第五，适当提升养育环境的丰富程度。

04 培养高质量亲子关系，开启一生幸福之源

人自出生之日起，就开始尝试建立一种强度极高的人际关系，这种关系不仅影响着当下，更对每个人未来的发展有着至关重要的影响，从个体安全感的建立，到成年后的择偶标准，无不受其影响。这种高强度的人际关系就是亲子关系，通俗来说，其实就是孩子和家长“亲不亲”。

亲子关系被心理学家约翰·鲍尔比（John Bowlby）在1969年、1973年和1980年的三篇论文中先后着重强调，亲子关系理论在近20年教育、儿童发展甚至亲密关系相关的心理学研究中获得了长足发展。这套着眼于情感、物质供给，且与安全感相辅相成的关系理论，被鲍尔比冠名为“依恋理论”。

通俗点儿讲，依恋是一种能诱发正向情绪的社会联结，是我们生命中建立的第一个社会关系所选用的模式。依恋能让孩子从正常的情绪状态变得高兴，也能让孩子从负面的情绪状态中得到缓和，而且在孩子长大后，它依然变换着不同的形式延续着对孩子的影响。

• 儿童心理小课堂 •

在发展心理学领域，研究依恋关系的泰斗是玛丽·安斯沃思（Mary Ainsworth）。她在 1978 年设计了安斯沃思陌生情境，用于测量亲子依恋关系。一般情况下，这个情境遵循以下 8 个步骤：

1. 母亲带孩子进入一个陌生房间；

2. 母亲坐下来，让孩子自由探索；

3. 一个成年的陌生人进入房间，先和母亲说话，再和孩子说话；

4. 母亲随后离开房间；

5. 母亲回来，和孩子打招呼并安慰他，陌生人随后离开；

6. 母亲再次离开，留下孩子自己在房间；

7. 陌生人回到房间；

8. 母亲回到房间，陌生人离开。

观察者会根据孩子的具体表现，给他们做出评估与分类。一般情况下，一岁的孩子会明显地表现出安全型、回避型、矛盾型和混乱型这四种依恋类型中的一种。

安全型孩子的表现：当母亲在房间时，孩子就很自在，他们能独立地探索环境，时不时回来找母亲寻求一下安全感，母亲也会及时地给孩子提供关爱与帮助。当母亲离开时，孩子会表现得有点心烦，但是母亲一回来，他们马上就回到母亲身边，并寻求接触。在北美地区的大样本测量中，约有2/3的孩子属于这一类型。

回避型孩子的表现：这一类孩子不寻求接近母亲，母亲离开后没什么难过的表现，母亲回来后对她也比较冷淡。这类孩子的比例在两成左右。

矛盾型孩子的表现：现在这样的孩子越来越多了，他们对母亲的情感状态是一种既积极又消极的混合反应。来到新环境中，这一类型的孩子就紧紧挨着母亲，几乎不去探索新环境。陌生人进入房间后，甚至在母亲离开前，他们就有些焦虑了，当母亲真的离开时，他们会表现出巨大的哀伤或愤怒。当母亲再次回来时，他们一方面表现得想要跟母亲接近，想要和母亲有身体接触，另一方面却又选择了发泄负面情绪的身体接触方式：他们对母亲又踢又打，往往还伴随着愤怒的表情或者号哭。这一类型的孩子约占总数的10%～15%。

混乱型孩子的表现：顾名思义，这一类型孩子的表现不可预估，时而平静，时而愤怒。我们一般认为这样的孩子其实是最缺乏来自亲密关系的安全感的孩子，占比不到10%。

对每个孩子来说，他们所形成的不同的依恋风格，主要源于三个方面的差异。

首先是基因。毕竟相当多的心理表现是与遗传高度相关的，依恋风格有其先天性的一面。其次是提供安全感的人。这个人通常是妈妈或爸爸，他们对孩子表现出的需求所给予的反馈是否及时和充分，会对孩子依恋风格的形成有极大影响。最后是不可忽视的环境因素。这个孩子成长过程中有没有经历过充满威胁与剥夺安全感的重大变故，比如战争、饥荒、家庭暴力与父母离异，这也对他的依恋风格影响巨大。

婴儿一岁时的依恋状态对其后来形成的人际模式有非常大的影响。安全型的男孩长大后的心理健康水平要比其他类型的男孩高。安全型依恋的孩子在成年后更善于交往，他们能体会到更大的情绪强度，也更容易被别人评价为积极、阳光。最重要的是，成人之间的浪漫关系与他们在婴儿期发展出的依恋风格有着远超当时研究者想象的联系。

受安斯沃思的启发，心理学家菲尔·谢弗（Phil Shaver）和辛迪·哈赞（Cindy Hazan）在报纸上刊登了三段简短的话语，分别是对三种不同依恋类型孩子的描述，但是并未说明这些话语的来源及其评价对象。他们在报纸上邀请看到这三段话的读者给他们回信，告知哪句话能最好地描述自己。最终，在他们收到的回信中，对这三段话人们认为形容到位的反馈比例，基本等同于安斯沃思陌生情境测试中不同状态类型婴儿的最终比例。可见，童年时期的安全感交互方式，造就了 20 年后不同类型的成人。

敲黑板

对安全感的需求与看法是一种非常稳定的心理特质，它不会随着时间的推移而轻易地改变。所以，孩子跟家长亲不亲以及怎么亲，是一个远比绝大多数家庭想象得更为重要的问题。

在一项研究中，一批出生于 20 世纪 70 年代末期的婴儿在他们孩提时期就接受了安斯沃思的陌生情境测试，心理学家通过他们在这项测试中的表现给参与的孩子进行了分类。20 年后，心理学研究者又找到了这些已经成长为青年的孩子，针对他们在爱情中的表现，对他们的依恋类型进行了重新的评估和定义。最终发现，20 年来，对安全感的需求与态度完全没有改变的人占到了实验参与者总数的 72%。

而对亲密关系的依恋，在成人后更不容易改变。另一项持续了 4 年的调查发现，绝大多数成年人的依恋类型，起码在调查进行的 4 年时间里几乎没有发生变化。

因此，在与孩子建立安全而高质量的依恋关系时，家长要预先做好相关准备才能事半功倍，让孩子不仅跟你“亲”，还能“亲”出未来的优势，具体来说，有三条原则和三个做法。先来说说三条原则。

第一，允许孩子对不同的人亲疏有别。

对很多家长来说，首先应该建立的与“依恋”有关的信念其实就是要允许孩子对不同的人亲疏有别。绝大多数情况下，孩子跟你不亲不是孩子的错，而是你暂时做得还不够。就算是如你一般的大人，对不同的人都会秉持着不同的友好程度，更何况是孩子。因此，要接受孩子对家中不同的人亲疏有别。

第二，不要逼着孩子在亲人之间做选择。

很多家庭里的长辈都有一个恶习，那就是总逼着孩子对一些奇怪的问题“迫选”：“喜欢爸爸还是喜欢妈妈啊？”“爸爸妈妈要是离婚了你跟谁啊？”“你不喜欢爸爸，妈妈给你换个爸爸好不好？”问这些问题的时候，大人可能秉持着戏谑的态度，但孩子未必不认真。回想你我小的时候，是不是也非常反感这种没有正确答案的问题？不要把“跟谁亲”变成一个让孩子不得不选择的奇怪问题。

第三，家长要根据自己的身份扮演不同的角色。

家长本身就要扮演不同的角色，而不是以同一种面目在孩子面前争宠。如果你是爸爸，就该清楚孩子需要的是爸爸，而不是另一个“妈妈”，家长在孩子眼中本身就要有不同的角色定位，犹如永不过时的经典标签：母亲温柔，父亲坚强。如果养育者总要在孩子面前扮演同一个角色，就很容易产生竞争，比如一个很想越俎代庖当“妈妈”的奶奶，和妈妈是很容易产生角色冲突的。

为人父母，我们有必要知道，孩子的依恋风格与安全感的发展有阶段性的特征。孩子在生命的最初阶段，只能发展出单线程的依恋关系，对象一般是妈妈。原因也很简单：妈妈温暖，能提供食物，可以直接保护孩子不受侵害。爸爸一般是作为第一替补在孩子 2~3 岁的时候成为他的第二个依恋对象的，所以爸爸们要“时刻准备着”，不能因为年幼的孩子跟自己不够“亲”而自暴自弃。

同时，这三条原则的施行还要倚仗诸多方法，具体有如下三条。

第一，给孩子提供良好的刺激。

父母是孩子最重要的刺激源之一。有你没你，或者说不管你注重还是不注重对孩子的培养，一般情况下，孩子都能学会说话，发展出抽象思维，形成更多、更全的主客体概念。但是，只要有你，进一步说，只要你给孩子施与正确的关注，他就能发展得更快、更好、更健全。

在绝大多数家庭里，父母双亲是孩子最重要的刺激源，是使得孩子生活多样化的最主要和最直接的因由。生活在大城市里的父母，跟孩子之间存在的一个最典型的问题就是有效陪伴不足。

2018 年初，我给北京地铁四号线的员工讲课时，一名员工递上来一张小纸条，里面写了自己天天上班多少时间、通勤多少时间、睡觉多少时间、吃饭多少时间，算下来，最后就剩下一个小时陪伴妻子和孩子，他的问题是："就一个小时，你让我怎么好好陪孩子？"我回答说："我从来没说过陪伴是时间长短的问题，陪伴在更大程度上是情感共鸣的效率问题。"如果你跟孩子在一起跟没在一起的时候表现一样，爸爸跟儿子各玩各的 iPad，那你这种陪伴效率就十分低下了。

你要给孩子刺激，不是说你要刺激孩子。你要致力于把自己塑造成一个窗口，让孩子可以透过你看到更多的鲜活元素，而非满世界"雾霾"。

第二，给孩子提供良好的反馈。

父母是孩子最重要的反馈源，没有"之一"。你家孩子在幼儿园里得到了小红花，找谁去报喜？找你。他不会跑到大马路上随便找个人就跟人家炫耀。问题是，现代父母对孩子的反馈方式存在很大的问题。

妈妈的反馈主动而不积极："你考了 99 分？那剩下的 1 分丢哪儿去了？是不是又粗心了？你看我们单位王阿姨的儿子，次次都考 100 分，人家怎么就从来不粗心呢？"

爸爸的反馈积极而不主动："嗯，挺好的，玩儿去吧。"

敲黑板

加州大学洛杉矶分校的心理学副教授谢利·盖布尔（Shelly Gable）在她的研究中指出，高效的反馈是指针对孩子所做的积极事件，比如考得好、被表扬、成功登台演出等而做出的形式主动、内容积极的回应。

咱们小时候天天净被逼着和别人家孩子比来比去了，咱可不能再让自己的孩子过这样的日子。

第三，不要和其他养育者"抢孩子"。

为了让孩子跟自己更亲而"窝里斗"，这种内耗给亲子关系带来的恶果更甚于"孩子跟你不亲"。孩子在跟谁亲这件事上是有主动权的，他的依恋不是一个可以被简单切成两半的苹果，一半给爸爸，一半给妈妈。想让孩子跟你亲，只能引导而不能强制。此外，在孩子面前争宠还极易把孩子带入一种错误的社交观念之中：人人都想取悦我。所以，交互、沟通、共有体验才是培养亲情的好方法，对着孩子愁眉苦脸地表达"你为什么不爱我"，这一点儿用都没有。

我觉得我爸在培养我跟他的关系时，就处理得非常好。

1996 年，我 8 岁。我爸妈给我买了一套书——《中华少年奇才》。我很喜欢这套书，进而思考了一个问题："中国哪个省的所谓'少年奇才'最多呢？"于是我找到我爸，跟他提出了这个问题。我爸很诚实地表示他也不知道哪个省真正最出人才，但是他很愿意跟我用一个下午的时间共同来完成这项统计工作。我爸很好地同时为我提供了刺激源和反馈源：他找来一张大纸，大到当时的我能当毯子来用，然后发挥他身为宣传干部的优势，手绘了一张画着省界的大号中国地图，然后让我用圆规在各个省的旁边画一个圆，再把书中讲到的奇才们的名字放进他们老家旁边的圆圈内。每每回忆和父亲共度的美好时光，这个快乐的下午绝对"名列三甲"。

不同于爸爸，很多妈妈都会有一个默认的观点，那就是："无论孩子谁来带，孩子最亲最亲的人，一定是我，必须是我，因为我是十月怀胎把他生下来的那个人，他身上的肉，都是从我身上来的。"

说说我家的例子吧。

我家老大刚出生的前 3 个月刚好是年底，那时候我的工作比较轻松，而且领导还很贴心地给我批了 40 多天的陪产假。于是，从我妻子出院回到家开始，我就主动承担了绝大部分抱孩子的工作。

孩子刚换完尿不湿，爸爸抱着；孩子刚吃完奶，爸爸抱着；孩子到点儿不睡觉，爸爸抱着……我儿子从出生开始，觉就比较少，而且入睡困难，得酝酿很久，所以每天晚上一到孩子睡觉的时间，我就不得不抱着他，哼着歌，轻轻地摇，几乎要花将近一个小时来哄他入睡。

于是，这就出现了一个非常大的问题，那就是除了吃奶，儿子别的时间都只要爸爸，不要妈妈。有的人可能会很疑惑，孩子这么小，视觉都是模糊的，他是怎么区分谁是爸爸、谁是妈妈的呢？其实除了我们常说的气味和声音外，还有一个很明显的判断方法，那就是在我家，爸爸胖得很柔软，妈妈瘦得很骨感。于是乎，就算爸爸有事外出，胖胖的奶奶也比妈妈更受欢迎。

皇天不负有心人，我靠着“无孔不入”的陪伴和一身肥肉，踢掉了刚刚承受了撕心裂肺的分娩之痛的妈妈，成功上位，这让我分外得意。但是风水轮流转，春节过后，我恢复了忙碌的工作状态，每天早出晚归。出门时娃未醒，回家时娃已睡，孩子睁眼闭眼都是妈妈，于是我很快地位不保，成为孩子最不待见的那一个。

时光荏苒，在儿子上幼儿园之前的两年多时间里，妈妈几乎是和他 24 小时寸步不离的人，陪吃、陪睡、陪玩，因此，无论平时儿子和爷爷、奶奶或是小朋友们玩得如何忘乎所以，甚至把妈妈冷落在一边的小板凳上，但只要到了晚上或者受了委屈，第一个要找的人都是妈妈。很多家庭也是如此，这就是核心依恋的力量。

而儿子和我这个当爸爸的关系却时亲时疏。父子关系的阴晴表和我的工作安排表基本上是同步的。当我忙得昏天暗地，拼死拼活也要挤出一丁点儿时间回家瞄孩子一眼的时候，却换来孩子一边扭头就跑，一边满脸嫌弃地大喊："爸爸走开！"而当我有那么几天赋闲在家，陪着孩子上天入地疯跑疯玩的时候，孩子能和我亲得像牛皮糖，贴在身上下不来，甚至理直气壮地说："我要和爸爸睡，爸爸给我讲故事，不要妈妈，妈妈快去小屋！"

如何对待爸爸和妈妈在孩子心里的地位？一种比较好的处理态度是放权给孩子，不是东风压倒西风，就是西风压倒东风，任君喜欢。

当然，孩子若能"钦点"亲密对象那是比较理想的状态，可如果孩子只跟一个大人亲，变得非常黏人呢？这其实就不是一种健康的依恋关系了。接下来我们就说一说孩子黏人的问题。

• 独立资本加油站 •

在与孩子建立安全而高质量的依恋关系时，家长要预先做好相关准备才能事半功倍，让孩子不仅跟你"亲"，还能“亲”出未来的优势。具体来说，有三条原则和三个做法。三条原则是：

第一，允许孩子对不同的人亲疏有别；

第二，不要逼着孩子在亲人之间做选择；

第三，家长要根据自己的身份扮演不同的角色。

三个做法是：

第一，给孩子提供良好的刺激；

第二，给孩子提供良好的反馈；

第三，不要和其他养育者“抢孩子”。

05 建立安全型依恋，黏人行为要警惕

伊娃·克洛南（Eva Klohnen）和斯蒂芬·贝拉（Stephan Bera）这两位女性心理学家曾携手针对女性依恋关系的发展进行了长达 31 年的研究，以探讨依恋到底对广大女性意味着什么。

她们的研究发现，相较于那些认为自己获得了足够安全感的女性，对安全感提出莫大需求进而很难得到满足的女性经历了更为坎坷的爱情。参与研究的女性均在 52 岁的时候对自己成年后的情感历程进行了回顾，受制于依恋类型的个体安全感，着实在很大程度上影响了她们。那些安全感缺失的女性，平均在 21 岁时就已经因为安全感的问题在恋情中感到苦恼了，她们也更容易因此而没在该结婚的时候结婚，以及在不该离婚的时候选择离婚。

安全感的缺失对很多人来说是从小到大都存在的问题，而这种问题在儿童时期的一大表现，就是黏人。

• 儿童心理小课堂 •

20 世纪末，关于依恋的理论引发了一系列心理学、社

会学与人类学的调查。很快，学界就针对依恋对人们成年后人际关系的作用做出了积极的评价。

调查发现，良好的依恋关系往往意味着恋人之间有更强烈的亲密感，共处的时候也更加愉悦。与此同时，成双入对也促进了彼此之间更强烈的安全感。2000年的一次调查发现，从童年时期就培养出良好依恋类型的人，往往在日常生活中对安全感有着正确的态度，情侣之间的信任程度更高，恋情或婚姻稳定持续的时间也会更长。

当然，探讨依恋类型以及安全感到底对亲密关系起到了怎样的作用毕竟不是我们的最终目的，我们更感兴趣的是，童年时期，家长到底通过怎样的逻辑影响了子女在20年后亲密关系中的具体表现。

学界对此进行了一系列的探讨，现在已基本达成共识，并形成了一个相对成熟的假设。这个假设主要基于依恋与亲密关系在两个重要功能上不可忽视的交集。

依恋所带来的安全感有益于人们面对环境中的困难和问题，自身的焦虑与不好的感受都会促使人们寻找自己信赖的他人来获取安全感，这在亲子关系和孩子成年后的亲密关系中都是成立的。一个人如果总能在恰当的时候获得充足的安全感，那他当然会生发出更多的自信与自我认可。

如果一个人在童年时期缺少一个能及时有效提供安全感的监护者，那他就更有可能将整个外界环境评估为危险的，别人为他提供的安全感在他自己的情感世界中也不知不觉被打了折扣。早期的依恋关系，也在相当程度上决定了人们对这个多姿多彩又危险异常的世界到底抱有怎样的看法。

总之，依恋关系可以被简化为两个主要的维度：我们每一个人对自身评价的高低，以及对外部世界的信任程度。

对大多数人来说，童年时期的依恋类型会延续到成年后的情感生活中，只是具体的表现形式有了些许变化。

敲黑板

婴儿期的经历同时影响人们对自我的看法以及对他人的看法，这直接导致在迟早会到来的成年生活中，人们会怎样看待自己、亲密关系的另一方，以及双方之间的安全感。

安全型依恋的孩子在幼年的经历中建立了对自我的肯定，也建立了对外部世界的信任。这种依恋类型延续到成人世界中，依然得到了心理学者们很高的评价。别人在这一类型的人身上投注的安全感通常都能获得高效的转化，他们对自己的伴侣也充满了信任。与此同时，这一类型的人在情感之中也能够比较好地维持自我，把纯粹的关系和一些乱七八糟不相关的东西隔离开来。

但是除却这种依恋类型，另外三种依恋类型的人在亲密关系中都有着各自的苦恼。

如果一个人在依恋关系中，对外界评价积极，对自己评价消极，进而时常身处焦虑之中，那他便形成了关注型依恋风格。这种类型的人，似乎总有着一种难以名状的自卑感与唯唯诺诺，而且行事风格谨慎，总是小心翼翼的。他们最容易成为“黏黏糖”一样的关系参与者，总会强调身体与情感上的亲密，纵然没什么交流的必要，也要尽量追求能够时时刻刻成双入对地黏在一起。他们时常处于安全感的缺失中，但只要有人对他们稍加关注，就能够快速抚平心灵在当下的创伤。这一类型的人总是需要恋人不时地提醒自己是个优秀而完整的人，太依赖亲密关系和积极的评价，缺乏自己肯定自己的能力。对他们来说，“拒绝”是一种最大的伤害，因为那颠覆了他们心中外界资源的可靠形象。

另外一种依恋类型则恰恰相反，这类人认为外界都是不可靠的，凡事都要依靠强大的自己，这种依恋状态延续到成年便形成了冷漠型依恋。两性关系里发自肺腑的大男子主义和大女子主义都是由此而来。这类人跟属于安全型依恋的人在日常生活中往往表现得非常相似，但是在内心深处，他们认为外界并不可靠，他人不愿也不能帮上自己什么。他们不会给关系中的他人太高评价，也不太情愿接受与认可他人的帮助，同时也很吝于向别人提供安全感。这类人认为别人安全感的缺失完全是自己懦弱的一种表现。与关注型依恋的人相反，冷漠型依恋的人往往是说出“不”的那个人，为了维系自己对自己的认可，他们倾向于拒绝帮助别人，也倾向于拒绝被帮助，他们看轻亲密接触对关系的积极影响，甚至将自己以及恋人对亲密的需求统统都做冷处理。

不过这种问题还不是最严重、最棘手的。如果一个人在童年时期对安全感的需求被无视，同时又经历了非常艰难困苦的环境且对此无能为力，那他很可能萌生一种对自身评价不高、对外界评价也不高的依恋状态，这种状态一旦持续到成年，便会形成恐惧型依恋。这类人面对着安全感的重大缺失，同时又不认为他人能够提供他们需要的安全感，以至于对社会和外界都充满了不信任。为了冲淡这种不信任，恐惧型依恋的人往往会通过一些引人不快的极端行为来缓解痛苦的内心感受。他们很可能因为一点琐事就陷入“我这么爱你，你怎么能不爱我”的情感思维陷阱之中，又在对他人的愤恨以及对自己的不满中不断挣扎。不过，这种依恋类型的人在人群中并不普遍，绝大多数人都可以被划归前面提到的三种依恋类型之中。

这些对安全感各持看法的依恋类型，在一个人的童年时期就已经初现端倪了。有很多孩子在幼年的一段时间里都特别爱喊“妈妈”，虽然家里只有他一个小朋友，但是家里喊“妈妈”的声音此起彼伏。看电视要喊，吃零食要喊，穿鞋要喊，出门要喊，干什么都要喊。

有一天，无穷无尽的“妈妈”声终于把那个被黏着的妈妈烦到不行了，她可能会失控：“哎呀！不要再喊妈妈啦！”然后，她转身就躲进了卫生间，再把门反锁上。而紧接着就是孩子的号啕大哭。

我们家也碰到过这样的情况，在探讨我们两口子对这件事的解决方法之前，需要先结合发展心理学以及依恋理论来分析一下孩子这种黏人行为的产生机制。

首先，黏人是分离焦虑的一种正常表现形式，在孩子18~24个月时尤为高发。孩子不是生来就明白“物体的客观存在”的，在生命的初期，他们认为自己感知不到的东西就是不存在的。所以，“妈妈等会儿就回来了”这种说法对年龄太小的孩子起不到什么安慰作用。在他看来，自己一旦看不见妈妈了，那就是妈妈“不存在了”。只有当妈妈遵守诺言，真的等一会儿就回来，并一以贯之地践行承诺，陪伴孩子成长的时候，才能让他慢慢变得不那么黏人。

其次，在正常的分离焦虑期过后，黏人就不一定意味着孩子跟你“亲”了，它还可能预示着一种不太健康的依恋关系。我们已经讨论过过度黏人可能预示着需要改善的亲子依恋模式，这种依恋模式其实是需要尽早介入干预的，因为依恋模式具有相当的持久性，并会长期影响一个人未来的社交取向，比如孩子长大后的婚姻状况，以及他们和子女的交互模式。

最后，黏人行为是可以得到妥善处理的，它跟一些想当然的养育事件其实没有什么直接关联：它不是断奶晚导致的，不是抱孩子太多导致的，不是全职妈妈天天带孩子导致的。但它跟另一些事倒是直接相关：你有没有带孩子投入比较多样的社交环境之中？有没有对孩子“要抱”的行为总是给予负面态度，比如不耐烦或者勉为其难地抱着他？有没有在分离之前给孩子预留一些时间做准备？

我们分析了黏人行为的产生机制，那么，有哪些解决方法是靠谱易行的呢？我的建议有以下六条。

第一，如果孩子不到两岁，那就多抱抱他吧，这时候正是他跟你亲的时候，多黏一黏也没啥坏处。

在孩子还是小宝宝的时候，多一些亲密的身体接触和肢体交流是非常能够提升亲子关系质量的。这个时候，孩子黏人是常态，本来就该“黏”。一些产后抑郁的母亲不太愿意跟自己的孩子亲密接触，这其实容易导致一些亲密关系上的问题，也容易给孩子的心理发展带来风险。我真诚地建议，该跟孩子“黏”的时候，请别犹豫。

第二，让孩子自己决定别人能不能抱他。

很多家长都有一个非常不好的习惯：特别热情地让别人来抱自己的孩子。与此同时，我们带着孩子出门社交，也总是会碰到想来抱抱孩子的人。但是绝大多数家长在这个时候都没有征询过孩子本人的意见，孩子在这个过程中完全处于被动，小一点儿的孩子不懂事，谁抱都行；等孩子大一点儿了，就要挑人了。总这样做其实很容易让孩子对外界的信任感降低，自然就更要黏在妈妈身边了。

第三，随着孩子长大，就有一些长期的工作要做了，比如多带孩子见见世面。

带着孩子见更多的人、不同的人、不同场合下的人，其实就可以让孩子在投入社交时更能做到“见怪不怪”，降低焦虑程度，不再紧紧贴在妈妈的大腿旁。我特别推荐全家人一起旅行，而不是把孩子扔给老人，然后两口子自己出去散心。旅行是让孩子增长见识、历练心性的绝佳机会。

第四，分别时，记得告诉孩子即将发生什么，记得跟他说“再见”，记得准时回来。

孩子黏人时的焦虑，很大程度上来自旧有经历中的负面体验。父母很多时候会忘记“小屁孩儿”也是有感受的，所以在孩子看来总有一些突如其来的分离，总有一些不告而别，在孩子眼中总有一些“一去不复返”。家长其实更应该告诉孩子即将发生怎样的离别，在正确的时候保持基本的礼节，比如和孩子说再见，以及兑现承诺，准时回到他的身边。这不仅不会让他更黏人，反而会让他对离别更加放心，进而放下黏人的执念。

对于那些被喊个不停的“妈妈”们，当妈的也是人，妈妈们可以使用“卫生间时光”。我儿子喊“妈妈”把我妻子喊烦的时候，她就把自己反锁在卫生间里，我觉得这种解决方式其实不错：妈妈也是普通人，也会有情绪，也需要压力的出口，大家生活在一个家庭里，彼此都是平等的，没有谁必须无条件地迁就他人。卫生间是个好地方，每个家庭都有，能反锁，而且人们通常不会追着去打扰一个已经躲进卫生间的人。那儿是个很好的地方，能让大人平复一下情绪，暂时缓解一下压力，冷静下来想想该怎么办。

第五，家长还可以尝试一个经典的游戏：躲猫猫。

躲猫猫是一个非常适合让孩子体验暂时分离的游戏，同时有体能的激活和惊喜的感受，非常容易让孩子喜欢上，也比较容易操作：家长可以逐渐拉长孩子找自己的时间，以此培养孩子的相关能力，但是要注意：一定要让孩子找到你哟！

第六，循序渐进地让孩子适应陌生环境，可以先从主场优势开始。

有时候家长也可以让孩子跟其他让你放心的大人独处一会儿，以此来解决他黏人的问题。不过要注意，切忌“用力过猛”，千万不要把孩子直接丢在陌生环境中，交付给陌生人。可以先在自己家把孩子交付给他比较熟悉的人开始练起。

再一次被黏人的儿子逼崩溃后，我妻子在卫生间独处了5分钟，然后我们冷静地探讨了一下，到底该怎么搞定这个一天喊八百遍“妈妈”的小家伙。

我开始延长我和孩子独处的时间。每天晚上我都会有给孩子单独讲故事的时间，从那之后，这段时间进一步延长，在讲故事之前，我还会带着孩子打闹一番。改变还不仅是这些。之前我在讲故事的时候，妈妈都在旁边陪读，之后，我讲故事的时间就是妈妈去洗澡的时间，这也是跟孩子解释我们为什么要这么做的好理由，所以我和孩子每天晚上的独处时间大大地增加了。

除此之外，我们也增加了孩子自己独处的时间：通常是我们两口子一起做饭的时候。这时候，儿子会自己在客厅玩，或者看一会儿电视，但不管怎样，他只要愿意，就可以到厨房找我们。

一开始，孩子听故事的时候会追问："妈妈呢？"独处的时候也会冲进厨房尝试把妈妈带走。但我们总会有比较好的理由来应对：妈妈在洗澡，妈妈在做饭。同时给他一些具体的行为指示与期待："讲完这个故事妈妈就回来了，好不好？""妈妈炒好这个菜就出去，咱们一起吃饭，好不好？"然后就是最重要的：实现它。

很快，我儿子黏妈妈的情况就大为改观了。

我一个朋友家的孩子刚送去上幼儿园的时候，有过在幼儿园门口死活不跟家长分别的情况。我给他建议的解决方法基本都用在从家到幼儿园的路上：在路上放孩子喜欢的歌；跟他一起聊聊今天可以在幼儿园做哪些有趣的事；告诉他爸爸妈妈送完他上幼儿园就去工作，这样才能赚钱给他买他想要的玩具；告诉他下午爸爸妈妈中的哪一个会准时来接他回家；告诉他爸爸妈妈相信他今天可以在幼儿园度过快乐的一天。

这么做的目的如下：激发孩子的积极情绪和期待心理，让他对离别做好准备，并让他放心：爸爸妈妈会准时来接他，今天是美好的一天。然后，在幼儿园门口把孩子交给老师后，跟他做正式而简短的道别，但绝对不要踏进幼儿园一步。分别就是分别，该来就来，不必拖泥带水。

很多家长在幼儿园门口跟孩子告别时就像生离死别，其实这更加剧了孩子的分离焦虑。这不是孩子黏家长，这是孩子和家长相互折磨。

合理的亲密当然是优质亲子关系的重要表现，但是孩子过度黏人则是家长一定要留意的风险。孩子跟你过分亲昵，很有可能预示着他未来的独立道路会有很多阻碍，倘若连上幼儿园时的分别都搞不定，又怎么能保证他日后可以独立追求自己想要的生活呢？

● 独立资本加油站 ●

如果你也被孩子无穷无尽的喊“妈妈”声烦得不行，被像牛皮糖一样的孩子黏得不行，结合发展心理学以及依恋理论，给你下面这六个靠谱的解决方法：

第一，如果孩子不到两岁，那就多抱抱他吧，这时候正是他跟你亲的时候，多黏一黏也没啥坏处；

第二，让孩子自己决定别人能不能抱他；

第三，随着孩子长大，就有一些长期的工作要做了，比如多带孩子见见世面；

第四，分别时，记得告诉孩子即将发生什么，记得跟他说“再见”，记得准时回来；

第五，家长还可以尝试一个经典的游戏：躲猫猫；

第六，循序渐进地让孩子适应陌生环境，可以先从主场优势开始。

06 惩罚不是伤害，非正面管教同样有效

对中国的新晋父母来说，“正面管教”应该不是一个陌生的词语。这是一种注重家庭成员之间平等相待、和睦相处的养育理念，这种养育理念最重要的实践点就是，在约束孩子的行为、帮助孩子改正错误的时候，家长依然要有良好的心态，采用积极的解决方法。

敲黑板

不仅正面管教有意义，非正面管教也同样有意义。这里的“非正面”并不是指斥责甚至打骂，而更多的是指管教时的严肃态度，以及行之有效的惩罚手段。

这种理念所推行的积极交互态度我非常认同，它与我们之前探讨的“夸孩子的技巧”也有很多交集。但这种理念的流行让不少年轻家长产生了误解，他们在约束孩子行

为的时候太强调“正面”的要素，以至于“管教”所起到的效果十分有限。

很多家长会把非正面管教等同于沉下脸来怒斥孩子甚至伸手就打。打骂不应该成为管教的备选项，它唯一的优势就在于立竿见影，但其隐患和代价远超大多数家长的认知。

我有一次坐公交车，看到一个三四岁的小朋友在哭闹，大概原因是不愿意去幼儿园。在我看来，这个年龄段的小朋友正处于分离焦虑的体验时期，不愿意和父母分别，拒绝投入一个相对陌生的环境，这再正常不过了。

可是，当妈妈的先生了气，对着孩子他爸喊了起来：“你也不管管！”孩子他爸倒是挺有执行力，一把拎起孩子放到腿上，对着屁股就是一巴掌。哭闹声戛然而止，全车静默了漫长的三秒后，爆炸般的哭喊声从孩子口中发出。

孩子的妈妈更生气了，冲孩子他爸喊道：“哪有你这么管孩子的！”

我悄声对坐在身边的妻子说：“这根本不是管，这就是打。”

其实看到车上人对孩子父亲投来的不满神情，我还是挺欣慰的。毕竟，大家能够意识到打孩子是一件错事。尽管现在在很多人眼里，体罚依然是一种行之有效的管教手段，所谓“棍棒底下出孝子”。然而真实的情况是：管教的目的是促进行为的塑造与品质的养成，体罚却不会为孩子的成长提供任何指导性的帮助。

敲黑板

管教的主要目的，是让孩子知道在某些具体的情境下“应该怎么做”，然而打孩子这件事，充其量只能让孩子知道，在某些具体的情境下“不能做什么”。

抛开有暴力倾向、通过暴力来宣泄自身情绪的父母，以及把打孩子作为常规教育手段的父母不谈，因为他们打孩子往往不是出于教育目的，而且这类父母所占比例也不大。对大多数家长来说，打孩子是家长证明自己在教育中并非“无能为力”的最终底牌。作为一个父亲，我能够理解，为人父母在很多时候是非常无助的：当办法用尽、好话说完，孩子依然不去做我们希望他做的事情时，暴力就有可能成为不得不选的最后一个选项。

家长总为自己开脱：“我打了他没错，可我不是为了他好吗？”这并不能构成“打孩子”的理由。原因很简单：你以为通过打孩子能让孩子变得越来越好，可实际上，打孩子这件事会招致巨大的风险。

暴力会导致生理伤害，这是不争的事实。孩子可能不得不带着红肿的双眼、明显的淤青与伤痕进入学校、教室、操场等社交环境。生理上的痛楚是不可忽视的一个方面，可伤痕累累还有可能给孩子带来更多不必要的困扰。孩子们很在乎自己在社交小圈子里的形象、表现与所得的评价，而挨打这件事在一定程度上会影响朋友、同学甚至师长对他们的评价，也很可能会影响他们对自身的认识和评价。

在公共场合，尤其是在对孩子有特殊意义的公共场合打孩子，给孩子带来的伤害将是无法估量的，与心理创伤相比，生理上的那点儿痛苦甚至都算不上什么。我们不能因为一个孩子年龄小，就忽视他的自尊与自我认同。

• 儿童心理小课堂 •

从战场归来的士兵，或者经历过重大突发自然灾害的人，有不少都会出现创伤后应激障碍（Post - traumatic Stress Disorder，PTSD）的症状。有研究发现，一些曾经在公共场合遭受父母殴打的孩子，也会有相同的症状，这主要源于爆发性的伤害。这已经在相当程度上说明，在一些特定环境中挨打，会给孩子造成远超生理伤害的心理伤害。这种伤害，一般是突发的心理创伤，也有可能在相当程度上诱发其他一些心理问题，比如极度消沉、拒绝社交，甚至程度更高的自伤、自杀倾向。如果打孩子这件事在家庭中是偶发的，那么这种突如其来的伤害则更有可能导致上面这些问题的出现。

但在一些不幸的孩子身上，挨打已经司空见惯了，他们的父母已经将“打”看成一种行之有效的管教手法。当打孩子已成习惯，那么除了上面这些问题之外，孩子还将蒙受其他的慢性影响，比如情绪障碍与发展障碍。已经有众多的研究资料表明，在有打孩子风气的家庭中成长的孩子，在不少重要的心理指标上的表现都受到了影响。这类孩子的自尊程度往往更低，而攻击性、失落感和焦虑程度往往更高。

我觉得这很容易理解。如果一个孩子长期处于对挨打的担惊受怕中，那他肯定没法获取长期有效的安全感，自然会变得焦虑、敏感、紧张，急于保护自我。

也许恰恰是因为缺乏稳定的情绪状态，这些孩子在智力水平、学业水平以及注意力水平等方面的发展经常有所欠缺。而恰恰是这些欠缺，又很容易把他们重新带入挨打的恶性循环。越表现不好越挨打，越挨打越表现不好，如此看来，体罚早已丧失了任何管教的意义。

而且，童年的惨痛经历影响的并不仅是孩子童年的这几年。最近的一些研究还发现，童年时挨打次数越多，孩子在长大后就越容易产生物质滥用的问题，比如有烟瘾或酒瘾，他们主观幸福感的平均水平也普遍较各个年龄阶段的同龄人更低。

尤为值得一提的是，在有重男轻女思想的家庭中，如果女孩子仅仅因为自身的性别而遭遇暴力，那她成年后在亲密关系与亲子关系中也容易出现负面表现。

也许很多父母打孩子，是出于他们自己口中的“爱”。但在年幼的孩子看来，打了就是打了，跟爱不爱根本没有任何关系。很多时候，孩子并没有家长认为的那么能够理解其良苦用心。

通常来说，孩子对父母是抱有积极情感的，所以他们会黏着自己的爸爸妈妈，拥抱他们，亲吻他们。而暴力是对这种积极情感的直接否定，严重弱化了孩子跟父母之间原本强大的吸引力。

针对孩子的家庭暴力会在相当程度上影响孩子对父母的依恋，这在孩子的学龄期尤其明显，也会直接衍生出更多的问题，比如孩子拒绝与父母沟通，向父母撒谎，与父母的关系逐渐淡漠，等等。

而且，打孩子这件事不仅在很大程度上影响了亲子关系，还会影响到其他家庭成员间的关系。别以为孩子是唯一的受害者，受害者还有可能是孩子的父母。不止一项研究探讨了倾向于打孩子的夫妻之间的关系，发现越是爱打孩子的夫妻，他们之间打架的频率越高，因为孩子而产生剧烈分歧的可能性也越大。

受害者还有可能是孩子的孩子。虽然很多人在小时候被父母打了之后，说的第一句话就是："我长大以后绝不打我的孩子。"事实上，小时候经常被父母打的孩子，在自己当父母之后，大约有 1/3 的人依然沿用了父母当年对待自己的方法，喜欢用体罚的方式来教育下一代。

站在科学统计的角度上，我需要指出的是，上面谈到的这些风险与问题，没有一个是打骂会直接引发的绝对后果。孩子和他们的家庭都各有差异，有的家庭情感资源充裕些，有的孩子皮实一些，所以上面提到的那些问题并不是打孩子的绝对后果。但是你不要因此而松了一口气，上面提到的这些风险与家庭中针对孩子的暴力行为有着非常高的相关性，并不是孩子足够皮实，就能不加控制地可着劲儿打骂。就算没有绝对的因果关系，从儿童心理发展的角度来看，"打孩子"终归还是一件高风险的事情。

在欧美国家，一套被称为"K. I. C. K."的管教原则一直都很受推崇，它指的是在管教孩子的时候，务必要做到心平气和（Kind）、立即（Immediate）、一致（Consistent）以及进一步的心平气和（Kind）。

这套原则中的心平气和指的可不是一味地友善交流，更不是嬉皮笑脸，而是强调家长在管教孩子的时候，自己先不要失控。唯独家长不失控，孩子才能知道，他是因为没有遵守规则而遭受惩罚，而不是因为大人“下雨天打孩子，闲着也是闲着”的情绪发泄而被管教约束的。惩罚一旦成了大人情绪发泄的暴力渠道，就失去了管教的本来意义。

大人失控的最典型表现之一是：提高了说话的声音，交流变成了咆哮。虽然大家都明白“有理不在声高”，但家长管起孩子来，惩罚力度未必大，嗓门却都不小。我们跟别人打电话的时候，对方的声音一高，我们的声音也就跟着高了起来。同理，我们跟孩子交流的时候，声音一高，自然也就逼着孩子进入了“竞技状态”，在这种状态下，孩子非但不会听我们的话，反而更有可能跟我们争执起来。

耶鲁大学情商研究中心的教授大卫·卡鲁索（David R. Caruso）在他的研究中发现：在与他人交流的时候，比起欢欣鼓舞、垂头丧气或怒不可遏，稳健低沉的语调最有影响力；在给学生讲课的时候，沉稳型的授课方式也比雄辩型或表演型的授课方式更能帮助学生加深对课堂内容的理解。

敲黑板

在今天，管教中的正面要素固然重要，但那些以不失控为前提的非正面要素也同样重要。并不是所有管教问题的解决都伴随着积极体验，惩罚在养育的蓝图中，始终都有一席之地。

我有一对朋友，一家人带着孩子常年居住在国外。我一直羡慕他们家孩子，从小就能接受西方的教育理念，但我那对朋友却跟我说："真羡慕你，在国内能随便打孩子。"他们两口子在国外，真不敢打孩子。现在的小孩精明，都知道拿起法律武器保护自己了。在国外带孩子那么久，他们两口子其实内心都憋着一股邪火。等他们带着孩子回到国内，才下飞机没多久，还真就"利用这个难得的机会"，把孩子给胖揍了一顿，弄得孩子直到现在都对回国有心理阴影。

为什么家长会打孩子呢？因为打了管用。为什么管用呢？因为孩子打不过父母，只能就范。可这不叫管教，这叫镇压。

这样一来，家长心里可能更纠结了：孩子犯错了，看来是不能动手了，那怎么惩罚才更合适呢？

很多家长会动手打孩子，归根结底是因为“实在没招儿了”。但在这种情况下，打骂通常也只能让孩子临时就范，哭哭啼啼地说：“我再也不敢了。”家长批评孩子也常说这样的话：“你怎么每次都这样，说过多少遍了！”“你再这样我们不要你了！”“你到底想怎么样！”这就是我常说的“三无”责骂：没有解释，没有指导，没有帮助。这样的责骂只能让孩子变得不敢承认错误，甚至学会主动撒谎，其效果比挨揍好不到哪儿去。

单纯的打骂只能压制问题，不能解决问题。惩罚，也是个技术活。

惩罚孩子，家长要先搞明白：孩子到底有没有犯一个值得我们去惩罚他的错误？有的时候，孩子仅仅是因为能力有限，或者是不小心，才做出一些在家长看来不能不管的事情。很多家长容易气急攻心，而忘了冷静地分析一下事情的真正成因，以至于让不该为错误买单的孩子遭受了惩罚，受了委屈。当不由分说的惩罚变成家常便饭，孩子的童年必然会徒增许多焦虑，这并不能塑造一个乖孩子，而只能塑造一个战战兢兢的孩子。

一旦真的要实施惩罚，并想解决问题，需要把握三个原则。

第一，归因性：要让孩子知道，为什么我不得不惩罚你。

我们小时候挨揍，经常被大人这样问："为什么打你？哪儿错了？你自己说！"事实上，很多时候我们还真不太清楚自己哪里做错了。因此每一次惩罚，你都要帮助孩子弄清楚惩罚他的原因，而不是默认孩子知道自己哪里错了，否则惩罚就是无效的。

在实施惩罚之前，家长其实有必要多询问一下孩子的想法和感受，比如："发生了什么？""你为什么那样做？""你当时的想法是什么？"除此之外，家长也应该学着多以"我"开头来表达自己的感受。孩子犯错、不听话，你感到不爽，但你不能只用愤怒甚至是动手打人的方式来表达你的不爽。可以尝试这样跟孩子说："我真的为你做的事感到非常失望。""我觉得咱们这么做可能会更好。""如果你能那样做，我会很高兴。"

第二，严重性：足够严重的惩罚能让孩子记住，这次犯的错误不该再犯。

当然，这里所说的严重的惩罚不是体罚，而是要把惩罚措施执行到底。如果你自己都不遵守规则，那孩子也不会遵守。比如孩子被罚一天之内不能看电视，可没过多久他就来找你求情，这时你不能心软，说一天就是一天。

严重的惩罚有两个前提：一是前面说的归因性，孩子得知道自己哪儿错了，为什么要被惩罚；二是惩罚方式要合理，不能无缘无故地扩大打击范围。

怎么才算合理的惩罚方式呢？具体的惩罚方式有很多，比如罚站、限制社交、压缩孩子看电视的时间等，但总的来说，建议就事论事，选择和孩子当时犯错的场景相关的惩罚。比如孩子在外面玩的时候打了其他小朋友，那可以惩罚他在未来两三天甚至一周内都不允许和小朋友玩。再比如我家孩子玩积木的时候，会把积木往玻璃窗上扔，最直接的一种惩罚方式就是不让他继续玩积木。如果孩子不好好吃饭，你却说："上次答应给你买的玩具不给你买了！"这就没做到就事论事，还违背了给孩子的承诺，我不建议这么做。

第三，偶发性：优质的惩罚，一定是"频率低但力度大"的惩罚。

这一点好理解，惩罚多了效果就不明显了。时不时地激励孩子，激励的效果会越来越好，但惩罚太过频繁，就会让孩子逐渐往"打皮了"的方向发展。有些爸妈特别爱冲自己的孩子大吼，但越吼越没用。因为孩子心里也知道，反正你就只是吼两句，很快就过去了，没啥可担心的。这里也要提醒各位家长，孩子被惩罚的时候可能会哭，这时候你就别再说什么"哭什么哭！""不许哭！"一类的话了。哭就对了，这说明惩罚起到了效果，你难受了你也哭，但你拦着不让人家哭，这就过分了，你应该接受孩子的悲伤，引导他接受已经发生的惩罚，只要下次不再犯就好了。

我有一个朋友，他家 3 岁的儿子有一个特别令人讨厌的嗜好：爱拽别人的头发。就因为这，他打过儿子的手，甚至还反过来拽过儿子的头发，但是都不好使。他跟我聊起这件事时，我问他："你拽孩子头发之前，跟他聊过吗？"他说："这还用说什么？我疼得咧嘴、气得脸红，还有什么可说的？我反手拽他的头发，就是要告诉他'你看，拽你你也疼！'"

我建议他："等下次他拽你头发的时候，你先制止他的行为，然后问问他为什么要这么做。"

但很多时候孩子根本不回答你这个问题，他甚至只会"嘿嘿"地看着你笑。他拽你头发的原因其实很简单：在他看来，这事儿挺好玩儿的，更谈不上什么对错。

那么家长就要跟孩子表达这样的态度：虽然在你看来，这是件好玩儿的事儿，但是在被拽头发的人看来，这件事情一点都不好玩。你要告诉他："你这么做会让我疼，让我难过，甚至会让我受伤。"最后再问他："如果我拽你的头发，你会疼吗？"

他可能会点点头说"知道错了"，也可能懒得回答你，那这个时候你再尝试去轻轻地拽他的头发，让他感受到那种疼痛，这才是真正有用的惩罚。

倘若不分青红皂白，上手就拽孩子头发，那不是爸妈教育孩子，那是爸妈报复孩子，这就是归因性的重要之处。

我那位朋友照着我的说法回去尝试了一下，然后告诉我：依然不好使。于是我亲自上门看了看，终于明白了原因：他家孩子不仅拽他头发，全家人的头发都没逃过这孩子的魔掌。但爷爷奶奶完全不以为意，还分外高兴：“哎呀！我家大孙子这手真有劲儿!”这种反馈让惩罚的效果大打折扣，惩罚的严重性就遭到了极大的挑战。

家从来都不是一个人的家，对于孩子的错误，大人们有必要“同仇敌忾”，否则只会南辕北辙，让教育的效果在矛盾的方法中被中和掉。对待孩子的错误，要在家庭范围内达成一个比较统一的认知，才能起到事半功倍的效果。

现在这个年代，“熊孩子”很多，一个重要的原因就是很多家庭对孩子的惩罚并不到位。不少家长听说美国的教育就不太惩罚孩子，所以人家那儿“熊孩子”就少。其实美国也有不少“熊孩子”，也有针对“熊孩子”的惩罚机制，而美国的这种机制中，有不少东西都非常值得我们借鉴。

我认识一位美国家长，她对在惩罚之前如何跟孩子交流很有心得。中国的家长在惩罚孩子之前一般不说什么“废话”，但美国的不少家长在惩罚孩子之前，都会跟孩子交流一番，甚至会跟孩子共同完成一个表格。我的这位朋友在每次惩罚他们家孩子之前，都会先问孩子四个问题：

◎第一个问题是：你刚才做了什么？

◎第二个问题是：你刚才为什么这么做？

◎第三个问题是：你刚才这么做，有什么不对的地方吗？给哪些人带来了不便？

◎第四个问题是：说出两种能代替你刚才行为的正确做法。

最后，她还会和孩子一起把四个问题的答案写在卡片上，并标注日期和时间。时间一长，她家就有了一个记录孩子成长中坏习惯的“错题本”。

这位朋友跟我说，当她跟孩子一起完成这个表格的时候，有好几次她和孩子都发现，其实已经没必要实施什么惩罚了。最好的惩罚就是通过良好的沟通，让孩子深深地感受到：“我错了，而且我知道该怎么改。”我们最应该学习的，未必是她的四个问题，而是在我们失去控制伸手打孩子之前，应该先仔细琢磨琢磨到底可以跟孩子聊些什么。

但有的时候，让自己不失控是一项高难度的任务，我也是当爸爸的人，体会过那种怒火攻心的冲动，所以我很理解，为人父母有时候情急之下会难以自控。也有不少人告诉过我，他们每次打完孩子都非常后悔。而最让爸妈压不住火的，可能就是孩子那些又哭又闹的发脾气行为了，其实只要进一步践行我们提到过的养育原则，利用我们身为成人的心智优势，就能比较好地解决这一问题。

独立资本加油站

在今天，管教中的正面要素固然重要，但那些以不失控为前提的非正面要素也同样重要。单纯的打骂只能压制问题，不能解决问题。该如何给犯错的孩子施与惩罚呢？需要把握三个原则：

第一，归因性：要让孩子知道，为什么我不得不惩罚你；

第二，严重性：足够严重的惩罚能让孩子记住，这次犯的错误不该再犯；

第三，偶发性：优质的惩罚，一定是“频率低但力度大”的惩罚。

07 坚定不强硬，让暴脾气小孩偃旗息鼓

我们经常能看到这样的场景，甚至有时我们自己就身处这样的场景：一家人带着孩子去商场，孩子看到喜欢的玩具，非吵着要。大人不答应，孩子马上就趴到地上连滚带爬地哭，好说歹说都不行。如果旁边有老人，那就更完蛋了，爷爷奶奶经常看不下去，挺身而出："我出钱，给孩子买！"

孩子年龄渐长，有了执念，动不动就会闹脾气、哭哭闹闹，甚至把发脾气当成达到目标的重要手段。而孩子发脾气，在一些情况下甚至会成为全家人发脾气的导火索。

面对发脾气的孩子，难道真的只有"满足他"这一种做法吗？

孩子都是哭着来到人世的，他们天生就会发脾气，因为发脾气可以让他们很好地实现生存下去的目的，但是随着他们渐渐长大，发脾气就不再那么单纯了。也正是因为这种不单纯，家长在应对孩子发脾气时，一定要把持的原则之一就是：先搞清楚孩子到底为什么发脾气。

● 儿童心理小课堂 ●

纽约著名的儿童心理治疗师斯坦利·图里奇（Stanley Turecki）把孩子的发脾气行为区分为两类：操作型发脾气（manipulative tantrum）和气质型发脾气（temperamental tantrum）。操作型发脾气就是我们常见的那种“不买玩具我就在公共场所满地打滚、又哭又闹”的行为；气质型发脾气指的则是孩子正常的负面情绪表达，比如穿了一件扎人的毛衣，让他感觉不舒服而发脾气。

面对气质型发脾气，家长需要先做到充分的共情，表达自己理解孩子这种难受的感觉，然后尽可能地想办法帮他解决这个问题。在这时，千万别跟孩子讲道理：“谁穿毛衣都是这个样子，你看那个小哥哥也穿毛衣，他就不闹。”这些话没有任何意义。在处理问题的整个过程中，家长要始终给孩子传递这样的观念与支持：“爸爸妈妈会尽全力帮你解决问题。”

而对于操作型发脾气，处理手段就要复杂得多了，但本质上的原则还是只有一条：家长对孩子应该做到坚定而不强硬。

面对发脾气的孩子，我们要选择的是不去关注，而不是负面地关注。当孩子发脾气时，很多家长会很直接地拒绝，然后自己也开始发脾气：“你见到玩具就要买！家里那么多玩具，你还要买！以后可怎么办！”其实，你不买就是了，大可不必非把自己放到孩子的对立面上。“不买”是你的权利，也很有可能是一种正确的养育抉择，那就不买呗，何必要激发亲子间的矛盾呢？而且这种矛盾还很有可能激起孩子的“斗志”，让他变本加厉地发起脾气来。

很多家长在面对发脾气的孩子时，都选择了强硬而不坚定，骂了两句，拗不过，也就妥协了。其实我们更应该选择坚定而不强硬，我不愿意给你买这个玩具，同时我也不愿意跟你发脾气。

坚定而不强硬，做起来可远比听上去困难，你可能需要如下三个具体方法的加持。

第一，对孩子发脾气要警觉，但别有过激反应。

发脾气是孩子不开心的重要信号，我们还是应当多多观察和体会，孩子到底是怎么了？有没有磕到、碰到、烫到？与此同时，切莫过激反应，比如一个箭步冲上前去五官扭曲地问孩子：“宝宝你怎么了？”很多时候，在面对孩子那些没来由的脾气时，“扑克脸”甚至都是一种可选表情。很多老人带孩子时，就是因为对孩子负面情绪的反应过激，给孩子的心理发展造成了负面影响。

第二，孩子没发脾气的时候更要积极关注，这样才能有效减少孩子发脾气的行为。

美国迈阿密大学医学院的心理学博士蒂法尼·菲尔德

（Tiffany Field）观察、统计了美国孩子和法国孩子在同一场合中发脾气的概率，试图探究养育文化的差异是否影响了孩子们的脾气。她发现，法国小孩在吃西餐时比美国小孩更乖，在幼儿园里也更少打架。而两国父母在养育孩子过程中的最大差异，就是对孩子“没发脾气”状态的积极关注程度。法国爸妈在孩子乖乖的时候也会多加鼓励，但美国爸妈总是认为小孩子乖是理所当然的。如果孩子发现他好好表现得不到父母关注，自然就会更倾向于选择不好好表现了。

另外还要牢记：人多添乱。我们要尽量减小孩子发脾气所带来的社交辐射，如果孩子发脾气的时候老人看到了，朋友看到了，其他孩子的家长看到了，那才更有可能出乱子。

第三，别因为孩子发脾气而羞辱他。

孩子想买玩具，跟我们愿不愿意给他买玩具并无关系；孩子觉得自己被“欺负”了，和我们是不是真的要给他出头也没有关系。如果孩子不能很好地理解“这是我自己的事”，那恐怕他要冲我们发一辈子脾气，而我们也难逃“工具”的标签了。可有的家长会站到孩子的对立面上，甚至试图增加孩子的羞耻感：“你看你看，这儿有个小孩儿又哭着要买玩具了，真不知羞！”说实话，这种唯恐天下不乱的解决方式，我从没见过能起到什么积极作用。

我儿子沉迷于一切和火车有关的事物，拼接轨道当然也不例外。他在两岁多的时候，尤其爱玩可以一节一节拼成线路的轨道，但总是因为自己还不具备拼好它们的能力而大哭大叫。很明显，挫败感成为他发脾气的主要原因。如果我们不管他，他会一直号哭；如果我们想上手帮帮忙，他又会因为我们不明白他摆设轨道的心意而更加生气。

对于发脾气的他，“过问与帮助”是我的义务，我不会说什么“玩不了就不要玩了！”这样的话，也不会不经允许就硬生生帮他把轨道拼好。我做了两件事：第一件事是让他妈妈给他买了一套大一号的火车轨道，以匹配他在这个年龄段能够搞定的水平，同时把那套总惹他生气的复杂轨道收了起来，准备过段时间再拿出来；第二件事是跟他妈妈一起拿出大量时间来陪他玩拼接轨道，让他从我们的行为中学习如何拼接、如何组装，同时也会在他拼得对、做得好时，第一时间给他鼓励。我们知道孩子喜欢火车，就算去奶奶家也让他带上火车和轨道，换着地方、换着花样地陪他一起玩。

要想让孩子不因为挫败感而发脾气，就要提高他的能力与玩具难度之间的匹配程度，由此我们就获得了解决方案：降低玩具难度以及帮助孩子提升相应的能力。我其实并没处理孩子“发脾气”的行为，我只是处理了他“发脾气”的原因。

很多孩子都有起床气，早上醒来心情不好。其实别说孩子，大人也有起床气，这毕竟是一个带有生理原因的问题。如果孩子的起床气并不单纯，而是伴随着不肯穿衣服、坐在床上哭、死活不下床去上学……那就需要家长来处理了。

虽然我儿子并没有给我带来类似的困扰，但我的朋友中有不少人都面临着每天早上的这场“战争”，他们中有不少人的解决方式都是生拉硬拽地把孩子拖出家门。

告诉你一个小窍门。糖分能在生理水平上快速改善人的心情。我妻子一跟我生气，我就会先让她吃块巧克力，一方面可以让她冷静冷静，另一方面，巧克力里面的糖分也能快速改善她的心情。我家平时对孩子的零食也是严格管控的，但孩子若是早上不开心，我就会主动提出：“嘿，你想来一颗糖吗？”然后我会把糖罐递给孩子，让他自己选择喜欢的颜色和口味。

糖含在嘴里的时候，就是赶快给孩子穿衣服的好时机，等衣服穿得差不多、糖也吃得差不多了，正好可以去刷牙。不管有意无意，孩子的起床气在我家一般都起不到影响我们行程安排的作用。生气不是不去幼儿园的理由，也不是不起床的理由，当然，爸爸妈妈也不应该站在孩子的对立面上，“逼着他去幼儿园”。我们应该始终致力于向孩子传达这种态度：“爸爸妈妈能理解你可能不太愿意去上学，爸爸妈妈也不会站在你的对立面上与你正面冲突，但上学是我们必须做的事，如果有什么能帮得上的忙，让你心情好一点，比如吃一颗糖，我们都非常乐意提供这样的帮助。”不仅仅是上学，去辅导班、回老人家、出门赴宴之前，孩子的脾气都可以用类似的态度和方法加以干预。

身为父亲，我深知孩子在自己面前无理取闹地发脾气是一件多么容易让人感觉糟糕的事情。恰恰是这些负面的感受容易让我们失去“理智思考”“认真谨慎”这些成人的优势，甚至变成第二个开始发脾气的人。所以我们应该多多提醒自己，当面对着一个发脾气的孩子时，我们不应站在他的对立面上，而应当成为他的同行者。

很多家长会毫不犹豫地说：“我们对子女的爱是毫无附加条件的。”这句话可能是发自肺腑的真心话，但从我们爱的对象——孩子那里看来，这些话成立吗？对这种无条件爱的评判，最有权利表态的应该是我们的孩子。从孩子的视角来看，当自己做得不够好甚至搞得一团糟时，还能否感受到来自父母无条件的爱呢？

人本主义心理学家卡尔·罗杰斯（Carl Rogers）是我非常敬仰的心理学大师。他认为，父母仅仅爱孩子是不够的，还要真正做到无条件地爱他们：“爱孩子，而不是爱他所做的事。相信没有父母会认为，孩子听话时我们就爱他们，反之则不爱。”

所以，我们探讨的对孩子的管教甚至惩罚方式，其实也都是来自父母的特殊支持：向孩子解释提要求的理由，给孩子参与决策的机会，鼓励但不操纵，不放纵他们的错误行为，更重要的是，让他们有权利把自己的生活意愿从父母对他们的期待中剥离出来。而这，其实是家庭作为孩子独立资本储备的重要起点最为重要的底线观念。

● 独立资本加油站 ●

面对发脾气的孩子，我们要选择的是不去关注，而不是负面地关注，要做到坚定而不强硬，你可能需要如下三个具体方法的加持：

第一，对孩子发脾气要警觉，但别有过激反应；

第二，孩子没发脾气的时候更要积极关注，这样才能有效减少孩子发脾气的行为；

第三，别因为孩子发脾气而羞辱他。

第 2 章

自我：积累独立资本的核心基地

家庭可以帮孩子培养种种技能与习惯，但独立资本还包含一个关键的要素，那就是自我认知能力。父母和家庭不能直接赋予孩子这种能力，却有义务引导孩子自己去寻找真实的自我，帮助他们发现自己喜欢什么、不喜欢什么，最适合的交流模式是什么样的，社交上的独到天赋在哪里，怎么去应对挫折，以及该如何投入、处理自己和外界的关系。

已经有大量研究表明，那些具有较高自我认知能力的人，依托于对自己更深入的了解，以及更明白别人是如何看待他们的，在学业和工作上取得了更好的成就，同时跟他人的关系也更健康。《认清自我》（Insight）的作者、心理学家塔莎·欧里希（Tasha Eurich）认为，自我认知包含两个层面：向内的探索与向外的探索。前者指的是更加了解与悦纳自己，后者指的则是更多地去探究，外界是怎么认识他本人的。

认识自己，可以让你了解自身精进的必要与方向；了解外界对你的认识，则可以让你更好地完成社会化的进程。怎么处理自我认知对人的成长有着莫大的意义。它涉及对自身能力边界的探索、对自身能力和性格的认同、对自我成长的要求、对勤劳与懒惰的正确认识等。

在心理学界，最近一段时间关于自我认知的一大研究重点就是形体焦虑。有的人会因为觉得自己太胖、太瘦或者太丑而极度焦虑，这就是一种典型的由负面自我认知而引发的痛苦感受。当事人如果处理不好这种焦虑情绪，就会出现今天很常见的一些社会问题，比如被称为“兔子”的靠抠喉咙催吐方式减肥的群体，以及暴食症、厌食症、整形成瘾等。

我认识一位在此领域深耕多年的心理学者，他最近跟我聊天时还告诉我，他们最近在这一领域的前沿研究还发现：大量有形体焦虑的人在外界看来其实并不胖、不瘦，也不丑，还有很多人觉得这群焦虑的人其实身材不错，而且面容姣好，这着实令人费解。这其实也解释了为什么有不少女孩明明已经很瘦了，还是觉得要再瘦一点，归根结底，恰恰是自我认知与实际产生了巨大的差异。

我们在上一章讲到的更多的是孩子带着怎样的“知识储备”投入社会，而在这一章，我们即将讲到的是，要让孩子在步入社会丛林时，除了要有干粮和行李这些补给品之外，更要有见招拆招的深厚功力。

敲黑板

自我认知能力对孩子形成独立性的意义，就是可以更好地帮助他们在离开家庭后，能够高效地进入属于自己的良性循环。

今天的很多孩子，因为不知道自己能不能搞定挫折，而产生“玻璃心”的问题；因为来自电视、手机、平板电脑的诱惑太多，而产生不专注的问题；因为有着家里很多大人无微不至的照顾，而产生安全意识淡薄的问题。这些问题的本质，统统都来自自我认知能力的缺乏。如果孩子知道自己有坚毅的品格与卓越的能力，就不至于“玻璃心”；如果孩子明白深度投入能换来极大的快乐，就不至于有注意力不集中的问题；如果孩子理解自己压根就不是无情水火的对手，那自然就会珍惜生命，远离那些不安全因素。

但你发现没有，我们这一代人所经受的挫折，跟这一代孩子将会经受的挫折十分不同；我们这一代人所面对的诱惑，跟孩子们未来要面对的诱惑也不一样。智能手机才出现没多长时间，又有谁知道当孩子长到我们这个年纪时，又会出现什么新鲜玩意儿？同时，除了水、火、电以及马路上呼啸而过的车，我们也不知道孩子在长大后会遭遇什么新鲜的危险源。所以，让孩子建立起一种应激策略，而不仅是学会些迟早要过时的套路，才是我们这一章将讨论的重点。

接下来，我们会重点探讨如下内容。

首先是帮助孩子建立自主自觉性。每个家长都跟孩子说过“自己的事情自己做”，但这种教育可不能仅仅停留在口头上。让孩子了解什么事情是他自己的事情，以及他自己到底能不能做成，都是非常重要的。

其次是安全教育，如何让孩子带着对外部环境的敬畏离开家庭。要知道，“初生牛犊不怕虎”的结果大概率是死于虎口，天不怕地不怕的性格相信不是家长希望孩子拥有的。

随后我们会探讨自我成长的习惯应如何培养。这其中包括阅读习惯、专注力以及执行力的培养。天上不会掉馅饼，个人成长与解决问题的能力都得益于大量的准备工作与全情投入，让孩子提前体验阅读、学习、勤奋所带来的正向循环，有着重要的养育意义。

最后，我们还会专门讨论一下自卑和太过好奇的孩子。自卑的孩子太容易退缩，而过于好奇的孩子总是喜欢搞点小破坏，如何有效地中和这两类孩子的自我认知倾向，同样也是家长的必修课。

08 抓住最近发展区，让孩子“自己的事情自己做”

我们这一代人从上幼儿园开始，就总是听到“自己的事情自己做”这句话。其实这句话所表述的，算是一个人毕生自我发展的关键节点了，毕竟寻找自己的生活领地、探索行为边界、培养自我认同、挖掘能力优势都是独立性养成的重要议题，毕竟生活的一大重要方面，就是一个人自己跟自己相处。

我的来访者中有一位爸爸，孩子两岁。他说，孩子每次玩完玩具以后，他都不知道是应该让孩子自己收拾还是帮他收拾。帮他收吧，担心他以后什么都不会自己做；让他自己收吧，觉得孩子太小还做不来。

其实在我看来，这位爸爸何必如此生硬地将“收”与“不收”割裂开呢？跟孩子一起收，一边教一边学，其乐融融，甚至把收拾玩具变成另外一个独立的游戏，这就好了嘛。

这些与“自己的事情自己做”相关的生活习惯，是孩子最先接触与掌握的习惯类别，是其他更为高级的习惯的前置练习，更是独立的重要前提。生活习惯是孩子成长的

“刚需”，它直接关系到一个人会不会把自己的生活过得一团糟。好的生活习惯保障了好的生活品质、生活节奏跟生活效率，但家长在给孩子培养良好生活习惯的时候，却有着很多不自知的误区。

虽然绝大多数两岁以上的孩子就已经开始学着进行自我管理了，但生活习惯的获得，并不是一蹴而就的事。在培养孩子的生活习惯时，一定要时时尊重的一个概念就是最近发展区（Zone of Proximal Development）。

这个概念是教育心理学家列夫·维果斯基（Lev Vygotsky）提出的，指的是“孩子现在能做到的”和“孩子通过教育激发潜力后能做到的”之间的能力范围。

敲黑板

我们期待孩子培养的生活习惯，一定要落在他的最近发展区内才有意义。孩子已经做得很好的，没必要去过问，孩子再怎么努力也暂时做不到的，就不用着急培养。

在此基础上，我们才能给孩子提出恰当的要求与任务，习惯的养成才会有意义。具体可以遵循以下五条建议。

第一，家长要帮孩子设立小步子前进的模拟演练。

电视剧《人间正道是沧桑》里面有个角色叫董建昌，他带新兵时，涉及教育新兵某事该怎么做时，有一段训话挺有意思：“我做给你看，你做给我看，点评！我再做给你看，你再做给我看，再点评！你再做！”这话其实挺有道理，因为很多时候，我们教育孩子要做什么的时候，总是强调“做到什么地步”，而不告诉他们该“怎么做”，更不会跟他们讨论“如何做得更好”。比如：“把玩具收好！”“把衣服穿上！”“去刷牙！”很多时候，父母的同理心其实挺差的，你会收拾玩具、穿衣、刷牙，但是孩子并没有经过一个直观的学习过程，却直接背负了一系列的“高标准、严要求”。

与此同时，父母的要求也总是步子迈得太大，难免有点不切实际。孩子就算做如厕训练，也是要分好几步渐进学习的：能跟父母主动说“拉臭臭”，会脱裤子，会使用练习马桶，会使用家里的马桶，能够外出如厕，会擦屁股，等等。希望孩子一步到位地从尿不湿直接过渡到使用马桶的完整流程，很明显是不切实际的。所以，选择能够匹配孩子当下最近发展区的行为要求，并做好模拟演练，才能帮孩子养成好习惯。

第二，允许孩子求助，并告诉他，爸爸妈妈时刻准备着给予他帮助。

孩子拥有好习惯，并不意味着家长能够成为“甩手掌柜”。我们让孩子提高自理能力，但千万别带给孩子“爸妈在偷懒”以及“爸妈撒手不管了”的感受。要向孩子表明，如果有什么搞不定的，他可以主动向爸妈求助，爸妈时刻准备着，而且也非常乐意帮助他。其实绝大多数家长都认同这一点，可他们却忘了跟孩子说。收拾玩具也会碰到重东西，穿衣服也会有比较难扣上的扣子，刷牙也会碰到牙膏不太好挤的情况，这都很正常，一家人，本来就是应该互相帮助的。

第三，认可孩子，但别只认可他做的事情，还要认可他本人。

孩子表现出成长与进步，家长当然会高兴。只是很多家长的表扬都搞错了对象，比如：“牙刷得真干净！”“玩具收拾得真整齐！”不是说这些表扬不好，只是这些表扬还不够好，因为这些表扬全都是“对事不对人”。已经有很多研究证明了，这种表扬比不上那些“对人不对事”的鼓励。后者对孩子良好行为的培养更有效果。

所以我们应该在表扬里加上半句：“牙刷得真干净，你真是一个爱干净的好孩子！等下我们洗澡澡！”“玩具收拾得真整齐，你真是一个认真的小朋友，妈妈最喜欢做事认真的小朋友啦！”

第四，家长还需要试着让习惯变得“有趣”一点儿。

为什么很多人要去买一些类似让他们“21 天养成好习惯”的书？因为好习惯通常体验都不好，所以才贵在坚持。对孩子来说也是如此，很多生活习惯不好培养，很大程度上是因为这些习惯太无趣了。

我的一个朋友给他家孩子买了一个比较特殊的宝宝马桶，让他家孩子的如厕训练进行得无比顺利：那个马桶可以换不同颜色的马桶圈，而且马桶里面的花纹图案也能换。对他家孩子来说，拉臭臭都成一件很有新鲜感的事了，当然一有便意就主动找马桶去了。

第五，家长可以尝试让孩子的行为成为群体行为的一部分。

孩子收拾玩具的时候，你在干什么？你也可以收拾一下家里的桌子和衣服，这在孩子看来，感觉上远远好过你去刷手机或者打电话。人是社会化的动物，如果让一些行为具有“社交共振”，会更好地激发孩子的行为动机。所以“一起收拾”“一起出门”“一起洗漱”都是不错的选择。诚然，家长大概也都知道给孩子当榜样的重要性，但是，刻意当榜样的效果可远比不上带领孩子进入一场大家都扮演着特定身份的互动来得好。

接下来，我们不妨把这五个方法汇总成一套完整的解决方案。比如我们希望孩子自己来收拾玩了一地的玩具。

首先，家里要有一个固定的装玩具的容器，可以是个大箱子，也可以是个桶，并让孩子在日常生活中建立这样的认知：玩具平时就放在这个容器里，玩的时候拿出来，不玩的时候放回去。

其次，我们要给孩子正确的引导，以及恰当难度的任务。我们需要向孩子解释一下为什么要收拾玩具，比如："孩子，如果玩具没有收拾好，等下我们就没有地方跳舞啦！""如果积木没有放回去，等下可能会把你的小脚扎疼哟！"

对3岁以下的孩子来说，"把玩具放回玩具箱里"就是一项不错的任务。在这个阶段，我们没必要让孩子将玩具分门别类或者按特定要求摆放。同时一定要注意，你提出你的期待就好，可千万别加什么"佐料"，比如："别人家那谁谁从来都不玩得这么乱！""你看看你玩具这么多，还天天吵着要！"

与此同时，我们还要向孩子表达跟他合作的意愿："等把玩具都收好后，爸爸来帮你搬玩具箱吧！"也可以尝试把收玩具变成一个有趣的游戏，如果家里多是毛绒玩具，我们可以尝试抱着箱子，让孩子往箱子里扔玩具；如果多是积木和拼插玩具，则可以和孩子比赛谁拆乐高拆得更快，或者轮流选择不同形状的积木放回玩具箱。

如果我们想让孩子自己主动洗脸、洗手、刷牙，养成良好的卫生习惯，又该怎么做呢？

还是硬件为先。你需要准备一个板凳，来帮孩子提升高度，方便他使用家里的盥洗设备，而不是每次都由你一只手捞着孩子，另一只手帮他打理一切，这会让你更加着急与焦虑。

引导依然是首要的沟通内容，家长有义务让孩子知道他们到底为什么要刷牙洗脸、保持卫生。

我妻子让我家孩子洗手前，会自己先洗手，同时让孩子说说“手都碰到什么东西了？”通常孩子会说出一堆东西：“皮球、玩具、沙子……”这时妈妈已经洗好手了，于是再告诉孩子：“你刚才碰的这些东西上其实都有看不见的脏东西，你来闻闻妈妈的手，香不香？你再跟妈妈比比，你的手有没有妈妈的手干净？你的手只有像妈妈的手这么香、这么干净，等下才能吃饭哦。”在得到孩子的回应之后，洗手这件事就变得顺理成章起来。这样的引导未必需要频繁上演，一段时间后，孩子就会自己建立起这样的观念。随后便是给孩子的行为提供积极的反馈：“真是一个讲卫生的孩子，妈妈喜欢干干净净的宝宝！”

至于趣味性，从我儿子小时候“用牙刷来数牙”的游戏，到现在“每天可以选择 3 个玩具陪他去洗澡”的承诺，都收到了非常不错的效果。我的一些朋友还会唱《洗手歌》给孩子听，如果你有兴趣，也不妨一试。

除此之外，对很多家庭来说，出门和回家时，孩子穿脱衣服和鞋子也是件挺让人头疼的事。

我们家的解决方案是给孩子指派每次“出门”与“回家”时的特殊任务，让他自动融入这两件事里，成为不可或缺的一部分。

每次出门，我儿子的任务就是监督大家快点出门，以及按电梯的下行按钮。自然而然，“监督者”的身份让他成为家里每次出门最积极的那个，这项任务既让他知道了“为什么要自己穿衣服”，也让他成了一项多人互动活动的重要参与者。所以在我家，天天出门都是我儿子催我赶快穿衣服，很少有我催他的情况。

至于回家，我儿子的任务就变成了“把走廊里的声控灯搞亮”以及“检查门口的收件柜里有没有快递”。所以每次回家一出电梯，我儿子总是先大喊一声，然后就跑向快递柜。因为我家习惯网购，所以基本上每周三四天都有快递。我儿子天天都充满了对快递的期待，因为其中很可能有他的新玩具，于是进家门后就赶快换鞋、换衣服，然后全家一起拆快递。

当然，对于孩子在各个成长阶段的穿衣、换鞋，我们的要求也应该结合他的年龄：会不会穿内裤、裤子，会不会把自己套进衣服里，会不会穿用魔术贴固定的鞋，进而发展到能不能自己扣扣子、系鞋带。如果有必要，也可以给孩子准备一块换鞋用的垫子，因为对低龄的孩子来说，他还不会像成人一样蹲下来穿鞋，而需要坐下来穿。

不要单纯地让孩子去做某事，更有趣的体验与更好的行为发生场景也许能给家长更多帮助。我们小的时候就会学习“自己的事情自己做”，今天的孩子也是同样。培养生活习惯的进程还是有规律可循的，只要在和孩子的交互过程中注意几个核心的要点就可以事半功倍。

“自己的事情”能帮助一个人找到自己的行为主场，但在生活中，有相当多的场合恐怕并不能让人为所欲为。有些时候，有些事情是孩子需要自己与之保持距离的，最典型的就是一些有安全风险的场合。不同于我们刚刚讨论的“该做什么”，在培养孩子的安全意识时，我们有必要选择另外一套手段，来告诉他们“不该做什么”。

● 独立资本加油站 ●

我们期待给孩子培养的生活习惯，一定要落在他的最近发展区内才有意义。在这个基础上，我们才能给孩子提出恰当的要求与任务，习惯的养成才会有意义。具体可以遵循以下五条建议：

第一，家长要帮孩子设立小步子前进的模拟演练；

第二，允许孩子求助，并告诉他，爸爸妈妈时刻准备着给予他帮助；

第三，认可孩子，但别只认可他做的事情，还要认可他本人；

第四，家长还需要试着让习惯变得“有趣”一点儿；

第五，家长可以尝试让孩子的行为成为群体行为的一部分。

09 培养安全意识，讲故事有奇效

我儿子是一个比较活泼的小朋友，爱蹦、爱跑、爱闹，喜欢玩水、喜欢小动物，而我们也乐意带他多走走，多看看。

更多的生活元素却会带来一个重要的副作用：更多的安全隐患。孩子好动爱玩实属正常，但一如很多父母，我有时候也认为孩子实在过于好动，而带着他玩会变成一件让人心力交瘁的事，尤其是在他对水、火、电等众多危险源全无概念的时候。

儿子两岁那年夏天，我们全家去日本奈良旅游，在抵达这个以鹿闻名的城市前，我专门给儿子讲解了一个奈良独有、其他地方很少见的交通警示标志：警惕有鹿蹿出。并告诉他，每年在奈良，有上百起跟鹿有关的交通事故，甚至有几十头鹿会被撞死，我告诉儿子："它们再也见不到妈妈了，鹿妈妈也很伤心。所以一定要注意安全，保护自己，也是保护小鹿。"

儿子觉得这非常新奇有趣，更在和小鹿互动的时候多了几分小心，回国后，也对这种黄底黑图的标志多加了些小心。

恰恰因为要坐车、玩水、接触小动物，孩子在收获成长资源的同时，也收获了更高的安全风险意识。而培养孩子的安全意识，训练与安全有关的诸多习惯，就成了家长必须摆上台面的又一件大事。

与安全有关的好习惯其实对孩子的成长有很大的影响，家长如何才能既让孩子保有好奇心，又保障他们的身心安全呢？不仅在成长期，甚至在成年后，孩子也应该对生活中的风险保持足够的敬畏才行。那要运用什么样的方法，才能让那些“安全须知”不只是钻进孩子的耳朵，还能留在他的小脑袋里呢？在面对与生活安全相关的挑战时，家长又有哪些可以借力的东西和需要尽力规避的风险呢？

敲黑板

毋庸置疑，安全是养育的绝对红线。一切养育手段、养育经验、养育方法的选择，在紧急情况下都必须让位于安全。

我有次参加一档节目的录制，一位嘉宾说她家婆婆在全家开车出行时，总是心疼孩子坐安全座椅“窝得慌”，于是要求抱着孩子，不让孩子用安全座椅。我对此的意见很简单：“绝对不能妥协。”或许爷爷奶奶也是为了孩子好，但这种“好”的形式并不可取。

那么我们该如何把安全教育提到所有养育方法之前，时时给孩子敲响警钟呢？给你如下三条建议。

第一，在安全方面，硬件工作是先行措施。

关键时刻能保护孩子的并不是心理宣教，而是安全硬件，比如安全插座、防撞角、安全座椅等，都比爸妈的嘴来得实在与及时。安全无小事，保障设备该买就买，该用就用。

第二，涉及危险的教育，择要严肃告诉孩子可能会发生什么，再给他讲一个能听懂的故事。

家长在看到孩子跑上马路或者抠插座时，在把他拦下来、拽回来之后，通常是劈头盖脸地骂：“你摸什么插座啊！说多少遍了怎么不听！”“马路上那么多车，撞到了怎么办啊！”这可以理解，毕竟家长急眼了，但这样做的效果其实未必好。你每次都告诉孩子“别抠插座”，但可能很少给孩子解释为什么，更别说用孩子能听懂的语言来跟他解释前因后果了。孩子又不是天生就知道抠了插座被电击了会有什么后果，我们也不可能通过试错的方式让孩子在这方面长教训，那么用他能听懂的语言让他知道这么做将会面对什么，就显得格外重要了。

有一次我儿子跑到了马路上，我们就用孩子能理解的语言向他传递了信息。在我们常走的一条小路边，有一家教乐器的小店，店里养了一只小柯基犬。我在一次路过的时候，目睹了这只小柯基被一辆过路的面包车撞到，于是就在当天晚饭时，跟妻子、孩子聊到了这件事。那毕竟是一只挺可爱的小狗，我儿子平时也老见到它，我们两口子都表达了惋惜之情，我儿子听了也挺难过的。

几天后，我们一个不留神，我儿子跑到了马路上，在立刻把他抱回路边后，我们对他说："还记得那天在马路上被车撞到的柯基小狗狗吗？爸爸吃晚饭的时候说过的。"孩子点头。

"小狗狗很喜欢玩，但是不能跑到马路上去玩。车多人多，车开得太快，看到小狗狗来不及停住，小狗狗才被撞到的。当时流了一地血，小狗狗再也见不到妈妈了。你觉得小狗狗疼不疼？见不到妈妈难受不难受啊？"

我儿子说："疼，难受。"

我们接着说："狗妈妈看到小狗狗被撞也会很难受的，所以我们应该怎么办？"

我儿子回答："不该跑到马路上去。"

这样的教育，孩子才能听得懂。"危险""事故""安全隐患”这些词都太复杂了，很难直接引发孩子的情绪共鸣。

当然，这之后还有几次，因为玩得太兴奋，我儿子又往马路上冲，但每一次我们把他拽回来后，并不是一再咆哮重申“怎么说了你就是不听”，而是再给他讲一遍小柯基犬的故事，让他再次自己得出那个关键性的结论：不要跑到马路中央去。慢慢地，这个习惯就被很好地养成了。

第三，家长也有必要培养全家人的良好习惯，倡导互相监督：安全是每一个人都该有的意识。

有时候带孩子开车出行，我总感觉像是随车带了一个小交警。当我在红灯亮起右转时，我儿子就会警告我：“爸爸不要闯红灯！”而我则会在认可他的安全意识后，向他讲解为什么红灯亮时我可以右转，也会跟他讲清楚如果他需要自己过马路，又该怎样注意红绿灯。我家本身就很注意安全行车，系安全带、用安全座椅、不打开车窗向外扔东西、并线打转向灯这些规则都会注意遵守，而且每位家庭成员上车后都有自己要做到位的规定动作：坐上安全座椅或者系好安全带。所以对我儿子来说，坐安全座椅不是一件“可有可无”或者“被逼而为”的事情，而是一件“理所当然”的事情。

其实，生活中有很多涉及安全意识与安全习惯的场合，尤其是安全用电和安全居家方面。说实话，对于绝大多数场合，家长最需要做的是给孩子提供安全保障硬件，其次才是心理上的技巧，尤其是在涉及安全用电、防碰撞、防挤压、防误食这些事情上，家长本身就有义务做好包桌角、贴抽屉防夹贴、把药品和颗粒物放在高处这类基本工作。

我们可以在自己家里自由布置，可是大马路上就不一样了。安全出行方面，我家孩子也有过一不留神就跑到马路中间的经历。我儿子很喜欢小火车，所以我们一般会指着路侧的盲道告诉他："这是小火车的轨道，宝宝要做强壮的小火车哦。"这样一来，他就既走在了安全的路线上，又不怎么要求我们抱他。

安全玩耍同样也是培养习惯的重要方面，不管是玩水、玩轮滑还是去"淘气堡"，该有的护具还是要给孩子戴上：头盔、护膝、救生圈。有的孩子不太愿意佩戴护具，那不妨把护具变成"玩具"。在带着我儿子去游泳的时候，我专门先给他看了那个神奇的救生圈：爸爸沉到了水里，妈妈沉到了水里，石子也能沉到水里，但是救生圈沉不到水里。同理，头盔和护膝也可以是"盔甲"的一部分，而和孩子一起做游戏的爸爸妈妈，也应该有自己的"盔甲"，这能进一步强调亲子的共同行为，帮助孩子培养良好习惯。

人并不是生来就能把自己保护周全的，因此，安全习惯与安全意识的培养才格外重要。作为家长，第一点要意识到的是，安全习惯的培养不能仅停留在意识层面，工具和硬件的帮助是不可少的。与此同时，家长通常说给孩子听的与安全有关的表述，其实往往并不能被孩子好好消化。学会多举例子，多讲故事，才能真的让那些道理被孩子“听进去”。最后一点，则是和孩子共同营造属于全家人的良好安全意识，甚至建立互相督促与鼓励的机制，这其实才是给孩子培养安全习惯的最佳环境。

我们两口子每次带儿子坐飞机，都要给他念一个比较特殊的故事：飞机上的安全须知卡片。这样做既是给他进行安全教育，又能让他在飞机上的狭窄空间里消停一会儿。

我儿子很喜欢这张花里胡哨的 A4 纸，那上面既有飞机的构造解析，又有卡通的逃生须知，看上去就像绘本一样。以至于我给他讲完以后，他总会把这张纸翻回正面，拍一拍我说：“再讲一遍！”

有这么一次，隔壁的一位大哥看到这种情形跟我说了句：“感觉你家孩子挺喜欢看书啊。”这让我很是自豪了一番，因为我认为阅读是一个非常不错的学习习惯，而这个习惯也在极大程度上保障了一个人可以低成本地自我成长，我很高兴别人能这么评价我的孩子，纵然他可能还并没有真正养成阅读的习惯。

我们正好以此为契机说开去，讲讲如何给孩子培养阅读的好习惯。

独立资本加油站

安全是养育的绝对红线，一切养育手段、养育经验、养育方法的选择，在紧急情况下都必须让位于安全。那我们该如何把安全教育提到所有养育方法之前，时时给孩子敲响警钟呢？给你如下三条建议：

第一，在安全方面，硬件工作是先行措施；

第二，涉及危险的教育，择要严肃告诉孩子可能会发生什么，再给他讲一个能听懂的故事；

第三，家长也有必要培养全家人的良好习惯，倡导互相监督：安全是每一个人都该有的意识。

10 锻造阅读的先发优势，用好右脑开发黄金期

我算是个挺爱看书的人，我也很期待我的孩子能成为一个挺爱看书的人。其实从我儿子还听不懂话的时候，我就已经开始给他讲故事、读绘本了，听得懂听不懂不重要，尽早让阅读成为他生活中的常见元素，先熏陶着，这才重要。

如果有人问我什么时间开始给孩子讲故事好，那我的回答很简单：“多早都不嫌早，怀孕的时候就可以开始了。如果你还没有开始的话，那问完这个问题，你就可以开始了。”

妈妈受孕 4 周后，就能从胎儿头上发现与听觉相关的组织了。在孕中期，胎儿就已经可以在子宫中听到妈妈说话的声音了，他还会在出生后更偏好这种声音。如果把妈妈的声音做一些处理，让其更像胎儿在子宫中听到的音色，宝宝就会对这种声音表现出更大的兴趣。

你可能会觉得，就算宝宝能听到，他也听不懂呀！事实上，如果让还有 6 周分娩的孕妇每天大声朗读某个具体的故事，坚持到孩子出生，那么刚出生的孩子再次听到妈妈朗读那个故事时，就会产生特定的反应：嘬奶嘬得更起

劲儿。换个人讲或者换个故事都起不到类似的效果。

所以，就算孩子听不懂，他对特定的人所说的特定内容也是有反应的。就算孩子可能并不理解你所说词语的含义，也搞不太清楚故事情节发展的脉络，但他会对你的声调和把他抱在怀里讲故事时提供的亲密感做出回应。而孩子的语言、智力和情感也会因为积极健康的故事而得到更好的发展，为他开启持续终身的阅读习惯。

儿童心理小课堂

如果孩子正处在 0~6 岁，那他同时就处于通过阅读开发右脑的黄金期。脑科学研究发现，0~6 岁是孩子右脑高速发展的时期，而且右脑是先于左脑发展的。右脑关系到孩子在音乐、运动、色彩、空间和形状等领域的发展。而右脑的发展是有关键期的，在 4 岁时达到高峰，6 岁就开始衰减，如果你不善于加以利用，等孩子到青春期时，右脑的发展速度基本上就只有 4 岁时的 1/3 了。

不过大家也不用紧张，右脑发展速度的衰减并不是说右脑缩小了或者细胞死亡了，而是具有传导功能的神经突触因为没有被刺激和强化，为减少大脑的负荷而逐渐断裂衰减了。这种衰减与我们的学习方式有很大关系，因为上小学后，我们就基本上采用以机械记忆为主的“左脑优先”的学习方式了。

所以，在右脑先行发展、发达的婴儿期，我们应该结合右脑的特点，给孩子采取适合右脑的学习方法，运用生动的图片、丰富的声音、优美的韵律、深厚的情感来帮助孩子达成认知的目的，并给他们提供大量想象的素材和发挥创造力的空间。

伊利诺伊大学的阅读研究中心发表过一个研究，涉及 205 名阅读能力较强的儿童。研究发现，这些孩子在学龄前就已经具备了比较强的独立阅读能力，而他们的共同之处是：他们的父母在他们还很小的时候，就已经开始给他们培养阅读的习惯了。

我给我儿子读的第一本书叫作《中国故事绘本》（*The Picture Story of China*），这本书的作者项美丽（Emily Hahn）是 20 世纪三四十年代旅居中国的《纽约客》杂志特派作家，而这本书很好地展现了那个年代中国的风貌。

这本书中有花花绿绿的画儿，有亲子间的声音交互，大人读起来也觉得有趣。其实书中的内容不重要，重要的是让孩子既早又频繁地接触书籍的使用场景。

现在我落笔写这本书的时候，我儿子已经 3 岁多了，家里有了一个专门给他准备的小书柜，不仅能放下他的书，还能匹配他的身高，装得满满的，甚至连我的书柜也不得不腾出两层空间来给他放书。当我们带儿子去麦当劳点开心乐园餐时，他会在小玩偶和小画册中毫不犹豫地选择后者，而后在我们等餐时，他就会找个地方自己先看着。

那什么时候就可以开始尝试第一步了呢？我们方才提到过，给孩子读书，越早越好。说实话，孩子在娘胎里的时候，你就可以开始给他讲故事了。甚至孩子在出生后对家长的分辨以及亲疏关系，很大程度上都来自听觉信息。我有个做电台节目主持人的朋友，她怀孕期间也一直坚持在工作岗位上，她老公又很忙，这直接导致她家孩子在娘胎里听到最多的人声就是妈妈和男搭档一起做节目的实况。结果孩子生出来，跟亲爹不怎么熟，跟妈妈的搭档倒是一点都不认生。

敲黑板

每位家长在培养孩子的阅读习惯方面，都有必要尽力开一个好头。阅读习惯的培养分为三个阶段：家长给孩子读；家长与孩子一起读；孩子自己读或者读给别人听。

讲得早重要，讲得好更重要。给孩子讲故事最大的原则，在三个阶段中贯穿始终的其实就是趣味性。在第一个阶段，讲得有表情、有状态、有交流，才能让孩子觉得阅读“有意思”；在第二个阶段，设置互动，良好交流，才能让孩子觉得阅读“够好玩”；在第三个阶段，选择好的书籍，认可孩子的阅读行为和阅读效果，才能让孩子觉得阅读是一件够酷且值得坚持下去的事情。

4 岁以前的孩子，绝大多数的阅读场景都还是需要家长参与的。在这个阶段，“分享阅读”是家长最应该采用的形式。研究者们这样说，学前儿童口头语言能力的发展主要通过两种途径：一是儿童单独的阅读，也就是自主阅读；二是成人和孩子的共同阅读，也就是我们常说的分享阅读。

分享阅读是新西兰教育家唐 · 霍尔德韦（Don Holdaway）首创的一种成人与儿童互动式的阅读法，是一种不以学习生字为明显目的、营造轻松愉快氛围的亲子互动阅读方式。

我平时和家长们交流孩子的教育问题时，经常碰到一些家长自豪地说自己家孩子不到 3 岁，已经认识不少简单的汉字、能自己阅读一些绘本了。这确实值得骄傲，但是家长在培养孩子识字的同时，却错过了孩子其他方面的培养，比如我们前面所说的右脑开发，包括孩子对色彩、空间、形状等领域的发展。不仅如此，还有大量研究证明，自主阅读的孩子通常不能很快地把握绘本内容的重点，容易出现注意力分散的问题。

所以，咱们最好采用亲子分享阅读的方式。成人陪读，婴幼儿的注意力水平会更高、更集中，并能快速且有目的地抓住重点，而且在成人朗诵演绎的过程中，孩子能够将物品图片与物品本身联系起来，学会区分和辨识话语中的不同声音，从而提升理解能力，实现联想配对，继而大大促进孩子语言能力的发展。

千万别把阅读当成任务和目标，甚至把书当成单纯的识字工具。父母给孩子读绘本，其实是把自己对绘本故事的理解和感悟通过声音和表情传达给孩子，给予孩子强烈的情感体验和愉快的阅读享受，这是非常棒的亲子互动体验。即使故事读完，孩子在故事中体验到的快乐和对故事的思考都不会结束，这能教会孩子在日后的生命历程中如何表达爱。

除此之外，在亲子共读的过程中，还有相当多的技巧，家长们可以尝试以下五条建议。

第一，给孩子读绘本时，要跳出文本。

很多家长给孩子讲故事是“傻讲”，书上写啥他念啥，而且是无语气、无感情、无交流的“三无型讲故事法”。有一次我去幼儿园接孩子，有两位奶奶在幼儿园门口交流给孩子讲故事的经验，其中一位奶奶不无自豪地说：“我最擅长讲故事了！我一讲我家孙子就睡着，特别好使！你讲故事的时候就蹦豆儿一样干讲，孩子一会儿就睡着！”我在旁边听着都不知道是该替她高兴还是该替她难过。越是“傻讲”的家长，越会埋怨现在的绘本“没几个字又没几页，还卖那么贵！”因为他们讲故事从来都不跳出文本，去发现图画里留着的小心思、小玄机、小彩蛋，就算没那么多惊喜元素，家长也完全可以从绘本中生发出更多的亲子交流。

第二，给孩子提问题，是讲绘本时的重要环节。

亲子共读中向孩子提问题，是亲子交流的重要形式，也是讲绘本的第二个好技巧。我在给孩子讲故事的时候，让他认过颜色、找过形状、数过“这一页里有几个轮子”，还跟他一起学过这一页上的小老虎该怎么叫。只有跳出每一页里那仅有的两行字，买绘本的钱才能花得值。而在一问一答中，孩子也完成了更多的知识吸收与技能练习。

第三，要有足够的耐心。

如果有一个故事很精彩，孩子便有极大的可能在听完后来这么一句：“再讲一遍！”2~3 岁的小朋友非常喜欢让家长一遍又一遍地讲同一个故事，因为他们正处于追求“可控重复”的心理阶段。他们知道故事的走向，当又听了一遍时，他们便会体验到“我就知道！”的感受，而追求这种感受是这一年龄段孩子的重要特征。但问题是大人们总喜欢追求新鲜刺激，同一个故事讲好几遍肯定会烦。

可请你一定要保持足够的耐心，也要时刻提醒自己，孩子提出这样的要求是正常且正当的。打起精神再讲一遍，这是对孩子好奇心最好的尊重。

● 儿童心理小课堂 ●

反反复复地朗读同一本书，确实很考验家长的耐心，可从孩子成长的角度来看，重复的作用尤为重要。教育心理学家简·希利（Jane M. Healy）在其著作《孩子日益成长的智能》(*Your Child's Growing Mind*）一书中谈道：活动必须重复许多次才能在人的中枢神经系统中稳定固化下来。重复给孩子朗读同一本绘本，也有助于刺激孩子的神经系统发育，更进一步地让孩子把词语的发音甚至写法和它们所指代的事物联系起来。

第四，找到孩子喜欢的独特交互模式。

不同的孩子肯定喜欢不同的阅读游戏，比如角色扮演、边看边画或边贴纸、共同指读、在妈妈讲故事的同时让爸爸陪着一起听，等等。不同的孩子也肯定有不同的主题偏好，比如我家孩子就喜欢一切与火车有关的书，排在第二名的则是有关恐龙的。而在我家，这两个能投孩子所好的主题自然就成了绘本库的重要组成部分。无论如何，若想让孩子又好又快地建立习惯，在内容与交互模式的偏好上自然就要尊重一下孩子的喜好。

第五，不同的书，建议家长采用不同的读法。

第一种绘本最常见：故事型绘本。这类绘本的趣味性强，也总有一些小道理蕴含其中，算得上是最好讲的一类绘本。只要把上面几点做到位，每天晚上睡前给孩子讲上那么 20 分钟，对亲子关系、孩子发展、阅读习惯的培养都是有好处的。值得一提的是，在讲故事对孩子道德感和规则意识的积极影响方面，爸爸讲比妈妈讲效果要好。所以不要认为讲故事就是妈妈哄孩子睡觉前的功课，爸爸也要参与进来。我只要没出差，晚上基本都会给我儿子讲 3~5 个短故事，在他过完 3 岁生日之后，就开始给他讲那些一个晚上讲不完的长故事了。这件事就像天天坚持锻炼一样，是一个特别贵在坚持的事情，所以在这里我也与诸君共勉。

第二种绘本对孩子的发展很重要，但我发现很多家庭都没有，那就是通识类绘本。图集、画册、地图、儿童百科全书在我看来均在此列，我个人非常看重通识类绘本，因为它对孩子知识面的拓宽、科学素质的培养、博物学素养的提升都很有帮助。针对孩子的教育，由人文教育和通识教育两大部分构成，而很多家庭里以各种各样故事为主的阅读储备，造成了孩子在阅读上的严重“偏食”。

我儿子喜欢火车，我就专门买了一本《火车之书》

(*The Train Book*) 给他，全铜版纸彩印，又厚又大又沉，这本书记载了从第一台蒸汽机车的发明到磁悬浮列车的诞生的全过程，几乎包含所有经典车型。我儿子很喜欢看这本书，虽然它没有情节，但是它有足够魅力，迎合了孩子的兴趣，也拓展了孩子的知识面。除此之外，我还买了全是星星的《星球》(*Planet*)，全是动植物的《自然史》(*Natural History*)，全是恐龙的《恐龙之书》(*The Dinasour*)，以及全是各种机械知识的《万物运转的秘密》(*The Way Things Work*)。

说实话，这些书本质上都是百科全书，其实并不是幼儿读物，但这不影响孩子对这些书的喜爱，以及这些书对孩子的积极影响。唯一需要注意的是，这些书很多都没有中文版，家长在给孩子讲的时候，对自己的英语水平还是有些考验的。与此同时，家长自己也要善于发现这些书里能激发孩子兴趣的点。比如我儿子能认出霸王龙，我就会让他分别看霸王龙和棘龙，然后再和他聊聊到底哪个龙更厉害一些。我也会跟他谈谈，为什么腕龙要有那么长的脖子？为什么霸王龙的胳膊那么短？这其实都是很能激发孩子好奇心和求知欲的问题。

第三种书就是有语言教学功能的双语绘本和外语绘本。有研究证明，人在成年以后，依然可以高效地学习外语的“听、读、写”技能，唯独“说”不太容易改，所以才有“乡音无改鬓毛衰”的说法。家长如果自己的英语口语不怎么样，给孩子直接讲英语故事，就很容易让孩子在基础上“跑偏”，尤其是口语方面，存在的风险更大。因此对不少家长来说，给孩子讲英语故事，都有些东施效颦的嫌疑。不管是幼儿园里的外教，还是亲子班里的语言课，可能都比家长更能胜任给孩子讲英语故事的任务。

我之前买了一些英语绘本，但我只给孩子讲词汇书，就是那种一页就是一个单词的，因为我自忖这些简单的单词我还是能念对的。但讲故事对口语发音的要求就高多了，所以我之前苦心淘来的原版“彼得兔系列”，直到现在也没给我儿子讲过。对孩子的英语学习这件事儿，痛定思痛过后，我还是决定将其交给更为专业的人来搞定。

2016 年，中国人均图书阅读量为 7.86 本，对于在文化中一直强调“热爱阅读”的中国人来说，这其实不是个太拿得出手的数字。不少家长想培养孩子拥有好的阅读习惯，恐怕得先把当年那个爱读书的自己找回来。

其实给孩子读书，也是一个让我们自己重拾阅读乐趣的过程。亲子共读，乐趣永远是第一位的。能保证乐趣的东西，第一是优质的内容，第二是更大的“脑洞”，第三是良好的交互，第四是足够的耐心。这几点做到位了，孩子也就不难感受到读书的乐趣，而阅读的习惯也就水到渠成地养成了。

章太炎在他的回忆文章中说，自己年轻时在天井中读书，路过的嫂子劝他披件衣服，他进屋随便拿了件衣服披上就回到原地接着读，但入迷的状态很快被旁人的大笑打断，原来他进屋穿了件嫂子的花衣裳。

“看进去了”，人们这样形容看书专注的人，家长也期待自己的孩子能有一个比较好的专注状态，做正经事的时候认真且投入，那咱们索性从看书说开去，探讨一下孩子专注力的培养。

● 独立资本加油站 ●

阅读习惯的培养分为三个阶段：家长给孩子读；家长与孩子一起读；孩子自己读或者读给别人听。在孩子4岁前，分享阅读是最好的形式，而在亲子共读的过程中，有相当多的技巧，家长们可以尝试以下五条建议：

第一，给孩子读绘本时，要跳出文本；

第二，给孩子提问题，是讲绘本时的重要环节；

第三，要有足够的耐心；

第四，找到孩子喜欢的独特交互模式；

第五，不同的书，建议家长采用不同的读法。

11 磨炼专注力，找好内在动机是关键

最近几年，“儿童专注力”仿佛成为早教领域和亲子市场一个新兴的话题。各种专业不专业的培训班、思维训练课和书籍，如雨后春笋般冒了出来。

无论是家长、商业机构还是研究型的学术组织，在不少人看来，专注力的流行已经是大势所趋。在皮尤研究中心（Pew Research Center）2014 年出具的一份报告中，家长们仍然最期待在自己孩子身上看到“尽责”与“努力”这两点特质，但更值得一提的数据是：拥有大学学历的家长比没上过大学的家长更在意孩子是否拥有“持久性”这一优势，而这一优势的直观表现，便是对理想长期的坚持和对任务短期的专注。

我也体会过家长对孩子专注力的在意。作为教育领域的从业者，我总能从各种渠道收到这样的求助：“老师，我觉得我家孩子专注力不够，怎么办？他干什么都静不下心来，做事总不认真，学东西东一榔头西一棒子的。”

敲黑板

对非常多的家庭而言，想改善孩子的专注力，恐怕不应该从买书、买课开始，而应该先从家长自身来分析。因为在一个不够专注的孩子身边，往往有一个总是打扰他的大人。

以下这样的事在我们身边屡见不鲜，因为“隔辈亲”的存在，还尤其高发于家中的老年人群体：孩子正在专注地玩玩具，突然有个大人端着碗出现在他旁边：“来，宝宝，吃点东西。”孩子正在专注地看绘本，突然有个大人不由分说地把孩子抱起来，情之所至，狠狠地亲了一口；孩子正在涂鸦，突然有大人路过，冷不丁地来了一句：“宝宝，你在画什么呢？”孩子正在玩一套大人可能不太愿意让他继续玩的玩具，大人会直接用其他玩具来转移孩子的注意力：“宝宝，你看你看，这个更好玩、更有趣呢！”

最常见的一种情况是，当孩子在探索某些地方，或者在做一些我们不太愿意让他做的事情时，有的家长会不由分说地直接把孩子抱走，带到新的环境中去。

这些场景都是对孩子专注力的打断，孩子在承受这种被打断的时候，通常都无力且被动。也许有的家长不以为然：孩子是在玩游戏、玩玩具，又不是在学习，打扰一下能怎样？又没耽误他干正事。再说了，有早教专家说了，转移注意力是让孩子离开当前环境的良好方法。

这是一个很严重的误区。

首先，专注力是一种通用技能。弹钢琴、练书法就不是通用技能，刻苦地练习弹钢琴，一般不会给孩子学习编程带来什么优势，随名师学书法，也不会对孩子学游泳有太大帮助。与此同时，一个孩子不会弹钢琴，并不意味着他就不能学编程。然而专注力不一样，你在做甲事的时候，专注力得到了负面影响，会导致你在做乙事的时候，专注力也好不到哪里去，纵然甲事和乙事可能在形式上相去甚远，但在保持专注这个层面上，它们调用的是同一种能力。今天你打扰了你家孩子玩玩具，明天你就可能要因为“我家孩子看书看不进去”这类问题而感到困扰。

其次，“专注”是一种认知活动，而非情绪体验，所以对“干扰”的承受能力很弱。如果孩子在表达情绪，比如因为想要立刻买某个玩具而号啕大哭，或者因为和其他小朋友有所冲突而极端愤怒时，用转移注意力的方式改善他的情绪在很多时候是可行的。然而“专注”是一项持续的认知活动，一旦注意力被转移，往往就意味着被迫中断。这种被动中断，对于专注力的保持与培养是十分有害的，好好的事情做到一半被打断，人是很容易感到不爽的，这会直接影响孩子注意力的保持能力、从干扰中恢复专注的能力，以及在专注过程中获得积极的主观体验的可能。

此外，专注力与一个心理学中的研究热点直接相关：工作记忆。你可能知道短时记忆与长时记忆，甚至知道海马这个对记忆来说举足轻重的脑组织。而工作记忆指的是人在进行高级的认知活动时，当下所调用的记忆模块。我们可以简单地把它理解成电脑的“桌面”，我们可以在“桌面”上同时开几个服务于当前工作的软件和窗口，然后开始投入地工作。可是有的人电脑好一点，同时开十几个软件也不卡，连续开三个月不用重启；有的人电脑差一点，开三个网页鼠标就动不了了，还随时可能因为硬件过热而直接死机，这就是工作记忆的差异。一个人的工作记忆如果从容量到耐力都不行，那他的专注力必然也会受到波及。

我们的孩子看似在做无足轻重的事情：玩玩具、翻翻书、做些小小的涂鸦，好像就算打扰一下也没什么大不了的，但请记住，他们看似轻松写意、开开心心，可是放到更宏观的角度上，这些貌似不值一提的小事，恰恰藏着“工欲善其事，必先利其器”的本质。

如果孩子在成长过程中，专注做事时屡受干扰，没什么摩拳擦掌的机会，那他们会面对哪些挑战呢？《发现你的生物钟优势》(*The Body Clock Advantage*) 一书的作者马修 · 埃德隆 (Matthew Edlund) 认为，在专注进程中频繁被干扰，会产生一些不容忽视的负面影响。

首先是学习能力受阻。在干扰消失的一瞬间，人不可能立刻恢复到满负荷运转的认知状态。干扰持续的时间可能很短，但是人因为干扰而付出的认知成本会很高。干扰让人的专注水平跳崖一般从巅峰瞬间跌落，却永远无法为其重新爬回山顶提供任何助力。同样是学习 1 个小时，如果中间有 1 分钟的干扰，可能就要多付出超过 10 分钟的时间成本。干扰的负面影响并不取决于干扰的持续时间，而是取决于从其中恢复到专注状态的时间。

其次，孩子还有可能因为缺乏短期专注的能力，而缺乏长期坚持的能力。玩积木、下象棋、讲故事，这些需要的都是短期专注能力。但人的绝大多数长期成就都离不开长期坚持的能力，比如写一本书、运营一家企业、抚养一个孩子。对我们在乎的一些人和事，保持长期的联结与关注是十分必要的。如果我们在一项短期任务中都难以抵抗干扰，更遑论要在长期任务中做到不忘初心了。

再次，干扰还会减少孩子高峰体验的机会。我们都体验过某种类别的高峰体验，可能通过体育活动，可能通过电子游戏，也可能通过上台表演。我们不会在边骑自行车边唱歌的时候有高峰体验，因为高峰体验通常都需要有高度足够的认知活动来为其提供平台。而专注力就是高认知活动的重要燃料。缺乏专注，会直接导致高峰体验成为生活中难得的奢侈品。

最后，干扰甚至还有可能导致成瘾与物质依赖风险的增加。“来吃点东西”“亲一口”“更好玩的玩具”都可能导致家长重新定向孩子专注力的方向。不可否认的是，这些干扰的刺激通常都挺强烈，这让我们的孩子在面对有吸引力的干扰时往往更缺乏抵抗力，不能把手头的事情坚持做完。孩子小的时候，这些干扰是无伤大雅的零食与玩具，但在青春期后，这些刺激也许就不那么喜闻乐见了：电子游戏、高糖饮料、色情视频……

为人父母，有时候会好心办坏事，比如用关爱的举动打扰了专注的孩子。当我们意识到了风险、感受到了趋势、明白了要培养孩子专注力的重要性时，或许可以先把“花钱与上课”的优先级降一降，不去想那么多“我要给孩子些什么”，而是先把思考的对象集中到自己身上，想一想：“为了孩子，我还需要改变些什么？”其实你可以做的，有以下七点。

第一，适当控制一下自己的真情流露。

总会有这样的时候：家长看到孩子安安静静地玩玩具，感觉孩子可爱得很，就特别想过去夸一夸、抱一抱、亲一亲，甚至突然来了兴致，连个招呼也不打，就和孩子一起玩了起来。这些关心很多时候都不怎么受孩子的待见。这么一来，家长觉得委屈，孩子也觉得被干扰了。

其实每个人都有类似的感受，如果你正沉浸在书中，却突然遭到打断，那其实是需要再花很长时间才能重新回到之前沉浸体验的状态中的。突如其来的关爱不是什么好习惯，那其实更接近一种干扰，会打断孩子的专注进程，进而殃及他专注力的发展。

专注力这种技能对孩子来说并非生而有之，而是需要锻炼和培养的。

• 儿童心理小课堂 •

密歇根大学的心理学家约翰·哈根（John Hagen）曾主持研究过一项探讨儿童和成年人注意力与记忆力差异的任务。哈根给来参加实验的被试者们安排了如下任务：他们会看到两张同时出现的扑克牌，但他们只需要记住右边的一张，而完全不用去管左边的那一张，这项任务会重复多次，而每一次他们要做的都一样，就是记住右边的那张扑克牌。

年龄大一些的孩子和成年人明显会比年龄小一些的孩子记住更多任务所要求的“右边那张扑克牌”，但是年龄小一些的孩子却记住了更多本来该被忽视的“左边那张扑克牌”。随着年龄的增长，人可以更好地调控自己的注意力系统，结合任务的需求合理地分配专注力，而对小孩子来说，他们的注意力范围更加分散，调控能力也更需要锻炼。

这其实并不是一件坏事，对低幼年龄段的孩子来说，对自身的周边环境保持比较广泛的注意力有相当大的好处，因为这个世界对他们来说还太陌生，而这种心理机制可以让他们更加高效地通过生活经验来学习事物，并快速找到周边生活元素的相关关系及运作规律。

孩子刚出生时，给他看黑白色卡和彩色色块，让他听风铃和铃铛的声音，其实就已经算是专注力的培养了。等孩子再大一点，专注力的训练媒介就更多了：玩具、绘画、动画片、书籍等。对孩子来说，专注力水平的高低是由先天因素和后天因素共同决定的。虽说基因为孩子提供了一定的专注力基础，但这并不意味着后天培养就没有了必要，专注并不全是天生的。

第二，培养专注力的核心原则，是帮助孩子找到保持专注的内在动机。

帮孩子找到保持专注的内在动机，是家长为孩子专注力培养提供的绝佳助力。

有些家长可能会为自家孩子注意力不集中的问题而感到苦恼，他们找我咨询的时候，甚至会自己给孩子贴上某种疾病的标签："老师，我们家孩子做事不认真，集中不了注意力，你说他会不会有多动症？会不会是注意力缺陷障碍？会不会是自闭症？"我的反应通常也比较直白："您家孩子做所有的事都不能集中注意力吗？"家长往往也会道出实情："不是的啊！他看动画片看两个小时都不动地方！"于是我就会顺势说出我的看法："那您家孩子看来并不是注意力有问题啊，而是注意力集中的地方不符合您的期待吧！"

成年人上班的状态有两种：一种叫作混饭吃，一种叫作打拼。前者的状态明显就是外在动机在驱动：工作的目的是得到糊口的资源。但当我们谈到为了理想和情怀而打拼时，似乎内心就有一种力量被触发了，所以打拼的人往往工作得更投入，业绩更突出。

这对孩子同样适用。孩子喜欢接触游戏、玩具和兴趣爱好，倘若他对这个东西的喜欢是发自肺腑的，那这种内在动机最能帮他维持专注。所以，想培养孩子的专注力，家长一定要找到孩子保持专注的内在动机。

第三，想实现高效的投入，就要先培养感情，再讨论专注。

"你认真点儿！"这句口头约束恐怕很难对孩子的专注力产生影响。每每强调"专注"的时候，家长都特别喜欢用一个词："坐得住"。实际上，"坐得住"并不是专注力的本质，它不意味着专注，它只意味着对枯燥的忍耐和被动的坚持。

一说“坐得住”，大家都喜欢用两个例子，一个是达·芬奇画鸡蛋，一个是王献之练字。达·芬奇学画画，一天画几百个鸡蛋，够专注，把自己画成了大家；王献之练字时，他父亲王羲之在他身后抽他的毛笔，抽不走，说明这孩子拿笔又稳又有劲，够专注。这两个故事让人们得出了一个错误的结论：如果要学会专注，一定要先学会对枯燥的极大忍耐。实际上，对孩子来说，专注不仅来自忍耐，更来自热爱。达·芬奇为什么不去当木匠，王献之为什么不去扭秧歌呢？因为他们不喜欢。恰恰是先有了感情基础，一个人才愿意为了热爱的东西多多忍耐。专注的过程可能是枯燥与痛苦的，但这不是专注的本质体验，当下的枯燥是为了心中更大的热忱。

第四，家长还有必要培养孩子对自我能力的信任。

在孩子心中，他可能会这样评估专注的必要性：“让我专注？前提条件是我的专注一定得有个结果吧？如果我再努力也得不到这个结果，我为啥还要浪费这个时间和精力呢？”自信是专注的重要条件，孩子只有认为自己努力了能够得到想要的结果，才会有努力地专注去做这件事的欲望。

有一本经典的童书叫作《小火车头做到了》（*The Little*

Engine That Could)，对很多学龄前的孩子来说，这本书是他们建立“我就是能行”这种自我认同感的源头。书中的故事讲述了一辆满载玩具和糖果的小火车遇到了一座难以爬过的山坡，而一辆崭新的客运列车、一辆坚固的货运列车和一辆破旧的老火车头在经过它时，都拒绝给它提供帮助。最终，一辆善良的蓝色小货车决定帮助处于困境中的小火车，伴随着“我能做到！我能做到！我能做到！”的高喊，它成功地战胜了困难，将礼物送到了大山另一端的孩子们手中。

• 儿童心理小课堂 •

斯坦福大学的发展心理学家沃尔特·米歇尔（Walter Mischel）基本上将毕生精力都用在了发展心理学和教育心理学领域的自控力和专注力研究上，心理学界知名的“棉花糖实验”便出自他手。[①] 1974 年，他带领学生开发了一个量表，用于测量学龄前儿童如何认知自身行为：看看他们是会把好事情的发生归因到自己身上，还是归因到外部因素中。同时研究了这种归因倾向跟孩子的自控能力是否有关，以及能否影响孩子的专注力水平和努力程度。

为了测量孩子们的态度，研究人员问了他们两个

① 棉花糖实验设计者、自控力之父沃尔特·米歇尔的唯一著作《棉花糖实验》详细阐述了实验的来龙去脉。——编者注

问题：

1. 当你画完一整幅画而没有弄断铅笔时，你觉得是因为你非常小心，还是因为铅笔的质量很好？

2. 当有人送了你一件礼物，你觉得是因为你是个好孩子，还是因为他们喜欢送人礼物呢？

很明显，每个问题的两个选项都指向了不同的归因倾向：一种归因在自身的能力上，一种归因在外界的资源上。米歇尔的团队统计了孩子们对与自己行为相关问题的回答，并评估了他们认知自身行为的方式。这一系列研究的基本发现是：即便是学龄前的孩子，如果他们相信可以通过自己的努力来控制结果，他们就会有更强的自我信念，努力程度会更高，坚持的时间也会更久，自我控制的能力也会更强。

第五，家长要允许孩子采用更多不同的专注手段。

或许良好的内在动机以及对自我保持认可是维持专注的共性特征，但家长依然要允许孩子采用更多不同的专注手段。专注有很多种，老老实实地看书当然算专注，听音乐时手舞足蹈也是专注，全情投入地玩游戏时，感受到紧张甚至愤怒，其实也算专注。可是很多家长所认为的专注，就是安安静静坐在那里好好学习。专注有各种各样不同的表现形式，在训练孩子的专注力时，我们可以让孩子选择他喜欢做的事情，更要让他选择自己青睐的形式。

第六，家长也可以利用蔡加尼克效应来促进孩子保持专注。

心理学家布卢马·蔡加尼克（Bluma Zeigarnik）最早对这种心理效应进行了系统化研究，所以这种心理效应就以她的名字来命名。蔡加尼克效应指的是：人在做事情的时候，总是期待做到一个完结点，事情没干完就被打断，人会感到非常不爽。

你肯定有过这样的体验：做一道数学题，刚有思路时被打断了，你不开心；打游戏打到一半被人拽走了，不得不退出战局，你不开心。这其实就是蔡加尼克效应，人先天的心理就有这种倾向：期待有始有终。我们在训练孩子的专注力时，也要给他设定一个目标，比如把积木搭成一个城堡，打完两把游戏，看书看完一章，妈妈给讲三个故事……这都算是一个目标完结点。一旦知道了终点在哪里，而且知道自己“使把劲儿就到了”，我们都会专注于努力完成这件事，所以我们也可以有效地利用蔡加尼克效应让孩子变得专注。

专注力是一项技能，而不是一种品质。我拥有专注力，指的是我能自主决定想对什么事专注就对什么事专注，如果我不喜欢做这件事，也可以选择不使用这项技能。我有一位朋友，搞科研特别厉害，他天天睡觉的时候都得把电视打开，看电视剧，看着看着就睡着了。第二天问他，电视剧里演了点啥？他根本不知道。他看电视剧就是为了催眠。他看论文看三四个小时都不起身，我们不能说他不专注，他只是选择把专注力用在了自己想用的地方罢了。

第七，训练孩子的专注力，运动和阅读都是非常不错的切入点。

在日常生活中，对孩子来说，运动最容易让他们进入专注状态，这是人的本能。运动的专注门槛很低，人在运动时心率加快、肌肉收张，在生理上就会分泌出很多与专注有关的神经递质，心理上也会进入心流状态。对孩子来说，不管是骑大马、骑大牛，还是在家里按一定的规律跑跑跳跳，其实都是运动投入的一种表现。

假设你的孩子天天都喜欢拽着你和你的爱人，甚至加上爷爷奶奶，在客厅里扮演小火车，他当火车头，大人们当车厢，然后在家里一圈圈地跑，那通常整个过程他都会很专注，因为他在做一件自己喜欢做的事。对孩子来说，他可能需要很长时间才能分辨出自己是不是喜欢画画或者某种乐器，但孩子凭直觉就知道自己喜欢运动，而这种体能与心理上的双重激活，可以快速训练他的专注能力。孩子天性就喜欢运动，这保障了他的内在动机，家长要做的其实就是两点：一是让运动的过程变得有趣，二是在运动过程中服从孩子的指导。

我们有必要让孩子去当制订运动规则的人，这是对他个人能力的一种尊重。所以当你的孩子在家里拉着大家扮演小火车的时候，只要有安全保障，他想让谁当第几节车厢都可以，他想跑哪段路线也都可以。孩子会在这个过程中找到能发挥自己主动性的角色和位置，专注力也会因此得到训练，并在未来进一步嫁接到其他方面的能力上。

除了运动，阅读也很能激发孩子的专注。给孩子读故事，我们可以主动设立一些行为完结点，比如："我们今天一共讲三个故事，好不好？"让孩子知道专注的终点在哪里，即"讲完三个故事"，它就在那里等着我，现在只要好好去听，我慢慢地就可以达到行为完结的终点。对孩子来说，自主阅读也是一样，不管是章、节、本、册，阅读总可以找到一个节点。让孩子知道，坐在这里，读下去，随着时间的流逝，就会到达那个设定的终点。这种感受可以培养孩子在阅读过程中的良好习惯，专注力也就随之而培养了。所以说，我们在前文提到过的亲子共读实在非常重要，不管是大人给孩子读书，还是孩子和大人各自看各自的，对孩子专注力的培养都有不可忽视的作用。

很多家长都会给孩子报个兴趣班，让他们学个一技之长。我还记得在 20 世纪 90 年代初期，我爸妈给我选择的是手风琴，那时候我上幼儿园，人比琴高不了多少。不管学乐器、学绘画、学书法，孩子有喜欢做的事，愿意坐下来坚持，这已经难能可贵了。不幸的是，在很多家庭，孩子这种可贵的品质却常常遭遇否定。再有天赋的人生下来也不会弹《献给爱丽丝》，谁在练琴的过程中都难免会有来不及换手、按错了琴键、跟错了拍子之类的事，而很多家长这时就会说："前面都白练了！""上次这个地方都没犯错！""你就这么练，什么时候才能登台表演！""下下个星期就要汇报演出了，你现在弹成这个样子，怎么办呢！"打击孩子对自我的认同，会直接让孩子丧失专注的动力，他会想："反正我都搞不定，我还搞什么搞。"

我妈当年陪我练琴的方式，其实很有参考性。那时我爸老出差，所以我晚上练琴的时候，我妈就把录音机拿进屋，跟我说："你爸不在，你把你今天新学的《小星星》拉一遍，咱录下来等你爸回来了给他听。"然后我拉琴，她录音。如果拉得不好，我妈就说："你看这次有个地方拉错了，爸爸听不到你最完美的表现了，你再拉一遍吧？争取别错。"如果拉得不错，我妈就会说："拉得这么好，爸爸一定还想再听一遍。"这种专注的过程就没有遭到对热情的否定，同时还兼顾了乐趣、认同与练习，我觉得非常可取。

专注是一种主动采用的技能，不是一种被动的素质，尊重这一点，才能更好地为孩子的专注力训练提供助力。

在不分神之外，专注往往还有一个特质，就是高效。别说孩子了，就是大人，有时候也会深陷于某些不高效的“专注”而难于脱身，那就是所谓的“拖延”。拖延并不是真正意义上的心理障碍，但是大人的拖延和小孩的磨蹭终归都不是什么好习惯，而在当下，更是一个值得警惕的问题。下一节我们就来说一说，如何解决孩子拖延的问题。

• 独立资本加油站 •

专注是一种非常重要的通用技能，想要改善孩子的专注情况，恐怕不应该从买书、买课开始，而要先想想自己能做些什么，以及如何改变。对此，我有如下七条建议：

第一，适当控制一下自己的真情流露；

第二，培养专注力的核心原则，是帮助孩子找到保持专注的内在动机；

第三，想实现高效的投入，就要先培养感情，再讨论专注；

第四，家长还有必要培养孩子对自我能力的信任；

第五，家长要允许孩子采用更多不同的专注手段；

第六，家长也可以利用蔡加尼克效应来促进孩子保持专注；

第七，训练孩子的专注力，运动和阅读都是非常不错的切入点。

12 训练孩子不拖延，大人首先不怠惰

每年北京气温骤降的时候，我妈都会连着给我打好几个电话，主题只有一个：穿秋裤。我老大不情愿地一直推托，最后老太太生气了："办点事情磨磨唧唧，跟小时候一样！"

看来我的拖延症是个慢性病。

这个毛病，成年人叫拖延，小朋友叫磨蹭。家长对孩子的磨蹭如临大敌，原因无非两个：一是孩子磨蹭影响了大家的生活节奏；二是如果不管，今天的磨蹭可能会变成明天的懒惰。

很多时候，大人着急出门，孩子却磨磨蹭蹭不穿衣服，甚至还闹脾气，耽误大家的出门时间，这是比较常见的磨蹭场景。

对 5 岁以上的孩子来说，刻意磨蹭通常并不是懒惰所致，而是他们的一种对立方式。玩游戏的时候，一个个都勤快着呢。而对 5 岁以下的孩子来说，磨蹭更多的是因为他们还无法完全认清事物之间的关系，也不能很好地完成对未来行为的规划。所以，对低龄的幼儿来说，要想解决

他们拖拉的问题，家长的应对原则无非以下两个。

一是帮孩子解决一个核心问题：“做这件事跟我有什么关系?”说实话，家长很难从孩子的视角去认识世界。其实孩子并不能很好地认知“穿衣服”和“全家一起出门”之间的关系，也不太明白“赶快睡觉”是为了给明天养精蓄锐。我们有必要帮助孩子解读：现在所做的这件事跟他到底有怎样的关联。

二是想办法刺激孩子的行为动机，激发孩子进入“做点什么”的身心状态。人在懒洋洋的时候，肯定不会特别主动地做这做那。一个不在状态的孩子，跟不在状态的大人一样，对一些没有吸引力的人和事，真的提不起啥兴趣来。有时道理太复杂，跟孩子说不通，倒不如直接刺激孩子进入比较好的身心状态，还更能促使他们紧张起来。

而具体的方法，则有以下五条。

第一，提前准备，是预防磨蹭的好方法。

经常出差的职场人士都知道，出发前夜，要细心地把行李收拾好：衣服、洗漱用品、电脑、证件、充电器，一个都不能少。我们也经常会遇到这样的同事：每次都因为收拾行李太晚而匆匆忙忙赶到机场，次次满头大汗，却总是死不悔改。可见，提前准备恰恰是预防磨蹭的好方法，类似“穿这件还是穿那件”的问题才是最浪费时间的。

倘若孩子已经上了幼儿园，那么家庭作业前一天写好，穿的衣服前一天挑好拿出来，书包前一天收拾好就非常重要，这样一来，孩子每天起床后该穿哪件衣服、该干什么，其实都已经箭在弦上不得不发，有条不紊地去做也就水到渠成了。倘若孩子晚上临睡前，时不时还要选一下明天要穿哪件衣服去学校，那很好啊，家长也应该支持，毕竟，孩子只有心里有数了，到了真正去做的时候才容易找到节奏。

第二，给行为增加竞技性。

孩子未必喜欢乖乖地穿衣服，但孩子总是喜欢做游戏的，而且他们更喜欢有竞技性的游戏。很多家长满心琢磨着“让孩子再睡会儿”，自己拾掇完了才叫孩子起床，然后一个劲儿地嫌孩子磨蹭。其实，你都穿好了你当然嫌他慢了，为什么不能让孩子和我们一起做呢？为什么不能把要做的事情变成一场小小的比赛呢？

第三，解决孩子内心“如果没做到又会怎样”的问题。

在很多家庭中，孩子是不用为磨蹭“买单”的。他们再磨蹭，家长也会让他们准时到校、作业写完、衣服和鞋子穿得整整齐齐。既然磨蹭没有代价，那为什么还要勤快呢？磨蹭总是要付出点代价的，这样对勤快的人才公平。

第四，提要求时干脆利落，避免“碎碎念”。

我很想表达一句逆耳的忠告：很多时候，请家长少说两句废话，谢谢。“苦口婆心”是很多家长的常态，为了让慢吞吞的孩子做点什么，家长有时会变成《大话西游》里的唐僧，提要求变成了“碎碎念”，力度和效果都会大打折扣。让孩子干啥你就说，提要求就干脆利落。军队里，每一个命令都很直接：“稍息！立正！向右转！”让人听了就想跟着动。在家里也应该借鉴这种方式，提要求的时候不用严厉，但有必要做到够直接。

我有位朋友，家里有两个孩子。按理说，他们家每天早上给孩子穿衣、洗漱是件非常麻烦的事情，因为是俩孩子，所以工作量要乘以二，管理难度更是呈几何级数上升。但他上班从不迟到。因为他们家的孩子，每天早上都要经历一场“接力赛”，所以从不磨蹭。在这场比赛中，孩子们互有输赢，但好在比赛天天有，孩子们就更是乐此不疲。

我这位朋友在组织比赛的过程中，值得称道的做法有三个。

一是给比赛设立多个连续目标，让它变成一场铁人三项比赛，而不是百米短跑比赛。每天早上，他给孩子提出的要求都很简短直接：“先穿衣服！再洗脸！再刷牙！再吃早饭！再穿鞋出发！”次日早上，他可能又会调整活动的顺序或者增删一些小的环节。这么一来，这个游戏的可玩性就大大提高了，孩子们也不会感觉乏味。

二是给比赛配一首背景音乐。他跟我说最好使的是《威廉泰尔序曲》，此外，《西班牙斗牛士舞曲》和《克罗地亚狂想曲》也能起到很好的效果，因为这些曲子本身就容易激发人的活力，可以帮助孩子快速进入状态。

三是对取得胜利的孩子给予真诚的鼓励，而对失败的那一个，更要真诚地鼓励他在其他竞争环节有更好的表现。说实在的，我觉得他的做法既能让孩子不磨蹭，又能培养孩子的抗挫能力。

如果你跟我一样，家里只有一个孩子，那我建议，我们完全可以自己充当孩子竞争者的角色，然后让我们的伴侣来做裁判。

第五，将一个大目标分割成几个小目标，多设时间节点，稳步推进。

很多家长喜欢给磨蹭的孩子定下一个“最终期限”，比如：“9 点前必须睡觉！”“最多再玩 20 分钟！”但使用这种粗暴的方法未必能有好的效果。这其实涉及最后通牒效应，就是为某个行为强制设定一个硬性截止点，可以影响拖延的行为。对于身在职场的人士来说，“最后期限”（Deadline）则是一个耳熟能详的词语，它的力量不容小觑。

• 儿童心理小课堂 •

麻省理工学院的学者丹·艾瑞里（Dan Ariely）和克劳斯·韦滕布罗赫（Klaus Wertenbroch）针对自己所在学校三个同年级班级的学生开展了一项研究。

在他们的研究中，三个班的学生都被要求在 12 周之内上交三篇论文。但在时间节点的设置上各有不同。第一个班的学生被强制要求分别在第 4 周、第 8 周和第 12 周各上交一篇论文；第二个班的学生不需要分期提交论文，只要在第 12 周的时候同时上交三篇即可；而第三个班的学生可以在学期开始时自行决定什么时间上交以及是否需要分期上交，一旦确定后就不能更改。

12 周后，经研究人员评定，第一个班的成绩最好，第二个班的成绩最差，第三个班的成绩居于两者之间。

这项研究说明，对于一个复杂的行为，如果只设立一个最终期限，可能会导致任务人对这件事的投入前松后紧，甚至最后为了赶工而草草了事。倒是将其分为几个时间节点，把大的目标分割成几个小的目标，最能有条不紊地推进发展。

很长时间以来，我儿子睡觉也是个很大的问题：到点儿不愿意睡，非要玩玩具或者听故事。你告诉他“9 点必须上床睡觉”并不好使。我们两口子因此开了一次会，试图解决这个问题，借助来自最后通牒效应的灵感，取得了比较好的效果。

我们主要采用如下三个办法。

一是睡前带孩子一起准备明天要用的东西。在正式回卧室开始睡前互动前，我们会带着孩子一起做作业、收拾书包、准备次日要穿的衣物，还会在一些特殊的日子里帮他准备一些要带到幼儿园的小礼物。这么做不仅可以在次日早上让孩子早早进入状态，还可以通过行动告诉他："今晚该做的事儿都做得差不多了，要睡觉了。"这份仪式感也能起到不错的效果，通常事情一做完，我儿子就会自己去找晚上想听的故事书，和我们一起走进卧室了。

二是把"上床睡觉"分为"先上床，后睡觉"两项任务。我们为此还从网上买了一盏可以定时关闭的台灯，设定一定的时间后，它可以自动关闭。等孩子上床后，我们就只开着这盏台灯，并告诉他"一个小时后就熄灯了"，然后再开始一起玩或者讲故事。一个小时后，灯灭了，孩子会不高兴，但因为灯不是我们关的，所以他并不会跟我们产生直接的对抗。在解释、安抚过后，我儿子通常就可以接受事实，平静地入睡了。

三是跟孩子一起入睡，而不是边玩手机边等孩子自己睡着。陪伴不是监督，要睡就大家一起睡。不少家长希望在孩子睡后还能有一点自己的时间，看看书、看看剧、玩玩游戏，我们也一样。但我和妻子的讨论结果是：我们要和孩子睡在一起，不仅是空间上，时间上最好也能保持一致。我们上大学的时候，同一寝室里那个睡得晚的人，不也总是会打扰其他人入睡吗？家里也是一样。每天晚上，起码要有一个家长真正地“陪孩子睡”，如果有需要加班的情况，也别在卧室里工作。在跟孩子分房睡之前，我们准备一直践行下去。

低幼年龄段的孩子爱磨蹭，是很容易让家长心烦的问题，但把握了对“磨蹭”这件事的正确认识，也就找到了解决问题的切入点。近几年来，在很多家长找我咨询的问题中，“磨蹭”一词很常见，而“内向”也是问题中出现的高频词语。就像“磨蹭”一样，“内向”其实也是一个遭遇了广泛误解的概念，它可能远比大多数家长想象的更加复杂。接下来，就让我们说一说。

• 独立资本加油站 •

对于低龄的幼儿来说，要想解决他们拖拖拉拉的问题，家长的应对原则一是帮孩子理解做这件事跟他有什么关系，二是想办法刺激孩子的行为动机。而具体的方法，则有以下五条：

第一，提前准备，是预防磨蹭的好方法；

第二，给行为增加竞技性；

第三，解决孩子内心“如果没做到又会怎样”的问题；

第四，提要求时干脆利落，避免“碎碎念”；

第五，将一个大目标分割成几个小目标，多设时间节点，稳步推进。

13 建立自我认同，让孩子远离自卑

我表姐家的孩子，用她老妈的话来形容，就是："太内向！属闷葫芦的！"

我每年过年都回老家，跟这孩子少说也是一年一见，算得上是看着她长大的。从三五岁到现在十一二岁，她的确是很内向。每次见了我，都特别有礼貌，但从来不会主动做太多交流，最喜欢干的事儿就是看书。有一次我专门带了本书送给她，她高兴坏了，跟我们吃了会儿饭就下桌安安静静地看书去了。

不少亲戚表示羡慕："真好！真乖！真省心！"她妈妈却有着自己的烦恼："这小小年纪就这么'高冷'，以后怎么在社会上跟人相处啊？"于是扭过脸来就问我："咋能让孩子不内向？"

我说："咱家孩子爱一个人静静地看看书、写点东西，这没啥不好的。内向有内向的好处，外向也有不足为外人道的苦恼。内向不等于不快乐，子非鱼，安知鱼之乐？关于孩子的性格，我觉得您多虑了。此外，我觉得咱家孩子挺好的，做自己喜欢做的事，持之以恒，将来也能过得

不错。”

这几年我时不时给这孩子带点书、寄点书，听说她最近一年开始尝试写一些小说性质的文字了。多好啊，内向又不是毛病，为啥要改？

我们日常生活中所说的外向与内向的概念，跟大五人格模型（Big Five Model of Personality）中的外倾性（Extraversion）有相当的一致性，而这个人格维度是一个中立的指标，不管是高分的外向还是低分的内向，都只代表一个人对外部刺激的需求量的大小差异，并没有优劣之分。而内向只有在与一些负面的表达方式伴随出现时，才需要警惕。

敲黑板

需要家长处理的内向问题，其实不是内向本身，而是内向的三种错误表达方式：“作”，自卑，有怨气。

首先，孩子可以内向，但是别“作”。北京方言里有“作死”一词，上海方言里有“作天作地”的说法，指的都是“作”这种行为。收藏家马未都先生在一期节目中总结得好："作"是一种理由不充分的折磨他人的行为。很多孩子都内向，这没问题，人生来就有先天气质，这随基因而来，但内向如果通过"作"的方式来表现，那就成问题了。最典型的情境之一是"逼着家长猜自己想要什么"，这种行为高发于 7 岁左右的孩子。出门买东西，发现心仪的东西了，但出于种种原因就是不说，家长东猜西猜，孩子虽然心里有主意但死活不表态，同时满心期待家长把自己想要的东西硬买下来塞进自己手里，这就有点"作"了。内向是一个人的事儿，我们不应该也没权利横加干涉，但内向不是"不好好说话"的理由，内向不应该以"作"的形式影响他人。

其次，孩子可以内向，但是别自卑。内向的人通常挺享受他们自己的内向：安静、从容、深刻。如果内向伴随着对自我的否定，情况就不妙了。有些孩子的内向伴随着强烈的自我否定与胆怯，他们其实有跟其他人主动交流的意愿，但是对自我不够认同。最典型的一个情境就是在一些需要公开表达的场合怯场，甚至临时撂挑子，因为他们认为自己搞不定。而在这时，家长就需要帮助孩子"搞定"，并给他们做好长期的准备工作，以提升孩子的自我认同。

最后，孩子可以内向，但是别有怨气，别被孤立。自卑是一个人对自己不满意，有怨气则是一个人对外界存有强烈的不满，被孤立则是外界环境对这个人不满的表现。

孩子在群体活动中不说话、不交流、不参与，有可能是因为他对别人不够信任、不够喜欢，也有可能是因为群体对孩子的接纳程度不足，无论是哪一种情况，都是孩子和群体“气场不合”导致的。如果把孩子放进一个陌生的群体中，由于不熟悉，孩子会有个融入期，这实属正常。但孩子若对整个群体存在成见，或者遭遇孤立，就需要家长出手帮助了。

好在还有不少行之有效的方法，能够让家长帮助孩子抵抗看似内向、实则错误的那些表现，具体有如下六条。

第一，训练孩子勇敢、正确地表达自我。

首先让孩子明白，说出自己想要的东西并不丢人。其次，家长更要塑造能够自由表达的家庭环境。如果孩子感觉“说了也没用”，那自然就会陷入“说了也没用，没用更不说”的恶性循环。所以，我们要鼓励孩子多谈感受、多聊想法，尤其是别随便否定他们。说的想法对不对另说，提的建议可行不可行也另说，先大胆地说出来，这一点是值得肯定与表扬的。

第二，帮助孩子挖掘他的自身优势。

这个优势指的可不仅是谈资和才艺，更是融入群体的竞争力。家长首先要明白的是，优势不一定是什么技能，不一定是书法、绘画、舞蹈中的某一种。很多时候，长得好看、说话有趣、家里有钱都算得上优势。没优势的人是很容易在社交中被边缘化的，而我们要做的，是帮助孩子找到可以带入同龄人社交之中的优势。

第三，家长要调整好自己的期待，做好自身的期望管理工作。

孩子作为一个独立的生命个体，让自己开心的优先级非常高，至于实现这种开心的形式，并没有很多人想的那么重要。社交的标准答案是在社群中找到自己的良好角色定位，而不一定是受到众星捧月般的拥戴。孩子在与他人交互时能找到自身定位，表现得足够友善，同时也能在其中发挥自身的价值，这就可以了，不一定非要在同龄人中左右逢源、一呼百应。

第四，不要急着用负面反馈来回应孩子，家长自己需要培养家庭的友善氛围。

荷兰拉德堡德大学的两位教授——马亚·德科维奇（Maja Dekovic）和简·汉森斯（Jan Janssens）分析了 112 名小学生的家庭。他们发现，家长对孩子的负面反馈与孩子在同龄人中的社交评价水平直接相关。他们研究发现，如果孩子来问家长："爸爸，6 加 4 等于几？"家长若直接回应"很明显就是 10 啊"，或者"你自己去算，我就不信你算不出来，一点儿都不难"，那孩子更有可能被班上的老师评价为与其他同学的融洽度不高。如果家长回答"其实你可以试试这样……"或者"真的很难呢，那不妨这样……”效果就会好很多。

第五，如果孩子的内向实在是因为与环境“气场不合”，可以考虑新时代的“孟母三迁”。

毕竟“打得过就打，打不过就跑”也是一种战术。孩子的成长历程是单向的，没有人可以回到幼年时期重新来过，所以没必要浪费时间跟搞不定的问题死磕。倘若我们自家的孩子和接触的对象都没啥错误，只是单纯地处不到一起，那其实是“当断不断，必受其乱”。如果一味地纠结，最后的结果恐怕也是耽误事情，远不如果断一点、拔腿就跑来得实在。

孩子倘若是安静看书、老实玩玩具，那即便内向，家长其实也无须焦虑。但家长最见不得的是，在多人游戏中，其他小朋友积极发言，自家孩子就是不肯作声，或者总是避开人多的地方，甚至还会跟爸爸妈妈说：“我在幼儿园没有朋友。”

这么一来，哪个父母听了不心焦呢？

不妨先别急着否定他，而是听听到底发生了什么事，以及孩子的真实想法。“你不主动那当然没有朋友了”这种话不会起到任何正面作用，能帮上孩子的，其实是带领他寻找问题真正的根源：

“你当时在干什么呢？”

“你当时怎么想的呢？”

“你当时的感受如何呢？”

“如果是我，我觉得可以……”

“明天如果再有这种情况，你愿意……吗？”

这些半开放和引导性的问题才能真正帮上孩子。

第六，家长要努力给孩子提供更多的社交资源，帮助孩子以一个不错的姿态投入社交。

有一年万圣节，我儿子的幼儿园要搞万圣节活动，老师要求大家做好相关装扮到学校去。我妻子在活动前一天花了大量时间给我儿子专门做了一套托马斯小火车的装扮服装，让他可以穿在身上。这套装扮用到了快递的包装箱，我们还专门打印了轮子、彩纸和托马斯标志性的圆脸。用剩余的物料，我们给他做了一个糖果盒。

我儿子非常喜欢这套装扮，恨不得穿在身上睡觉，这也让他对万圣节的活动充满了期待。而这套服装也成为他第二天的良好优势：唯一一个装扮成托马斯小火车的小朋友，而且全是由妈妈亲手做的。这成为他一整天的社交资源，而与此类似的资源，我们其实可以给孩子提供很多。

如果孩子在社交中表现得内敛、害羞、不够主动，我们不妨深思一下为什么孩子会“无话可说”，而不是一味地逼着他们去“没话找话”。

有些家长期待孩子主动而活泼，也有一些家长却为孩子某种过度活泼的举动而深受困扰，那就是太爱搞破坏。

其实孩子爱搞破坏也有很多不同的原因：可能是出于好奇心，可能是为了激怒大人，也可能是为了表达不满。无论原因是什么，搞破坏终归是一个不能放纵的习惯，而了解这背后的心理逻辑，则可以帮助我们更好地引导孩子进行正确的表达。

独立资本加油站

孩子性格内向不是问题，需要家长处理的内向问题，其实不是内向本身，而是内向的三种错误表达方式："作"，自卑，有怨气。有不少行之有效的方法，能够让家长帮助孩子抵抗看似内向、实则错误的那些表现，具体有如下六条：

第一，训练孩子勇敢、正确地表达自我；

第二，帮助孩子挖掘他的自身优势；

第三，家长要调整好自己的期待，做好自身的期望管理工作；

第四，不要急着用负面反馈来回应孩子，家长自己需要培养家庭的友善氛围；

第五，如果孩子的内向实在是因为与环境"气场不合"，可以考虑新时代的"孟母三迁"；

第六，家长要努力给孩子提供更多的社交资源，帮助孩子以一个不错的姿态投入社交。

14 保护好奇心，控制攻击性，捣蛋孩子不难搞

在我妈看来，我当年恐怕就是一个爱搞破坏的小孩儿。我三四岁的时候，我爸买了一条皮带，据说是鳄鱼皮的，貌似还是托了好几层关系才从南方带回来的。不过这条皮带太长了，于是我妈给剪掉了一块儿，就合适了。这件事被我看在眼里、记在心中，趁爸妈不注意的时候，我也找了一把剪刀，把那条宝贝皮带给剪了个稀碎。

他们最后打没打我，我已经不记得了，但是这件事 20 多年来一直是大家茶余饭后的笑谈。

孩子的很多行为在家长看来，可以用三个字概括：搞破坏。总有家长跟我诉苦："我家孩子淘气得很，你说老话讲七八岁的孩子狗都嫌，现在我们家孩子才三四岁，我看已经开始招狗嫌了。"

其实，搞破坏的行为也有分别，处理孩子搞破坏行为的首要原则就是分清行为的真正动因。孩子搞破坏，是因为好奇心呢，还是因为攻击性？

2~9 岁是孩子搞破坏行为的高发期，孩子们在这个年龄段特别热衷于撕东西、扔东西、拆东西，似乎永远不得

消停。

对绝大多数孩子来说，难以自抑地“搞破坏”其实是因为强烈的好奇心。这个阶段，孩子发展出了更新、更强的能力，他们总想加以表现，跟生活中的各种事物互动一下，但他们的这种能力又不足以达到创造与组合新事物的要求，所以只能通过搞破坏这种相对简单的形式展现出来，并完成互动。跟造东西比起来，拆东西永远更简单。造一座房子要好几年，而拆一座房子，定向爆破只需“轰隆”一声，几秒钟房子就倒了。所以孩子在能力水平快速发展的这段时间里，总喜欢用搞破坏的方式来满足自己的好奇心，并展现自己的能力。对他们来说，与事物的交互毕竟是“刚性需求”，而最简单的切入方法，就是门槛最低的“破坏性行为”。

另有一小部分孩子，他们搞破坏的原因是出于攻击性。他们为了破坏而破坏，因为心里不爽而摔、扔、砸。最直接的表现是，他们不太会专注而投入地拆东西或涂鸦，而更多的是直接摔杯子和扔东西，尤其是向人扔东西。这些孩子在同龄人群中占比在两成左右，且只有不到3%的孩子属于“高攻击性儿童”。2~5 岁表现出高攻击性的孩子，在 9 岁时会面临比其他孩子更多的社交、学习和情感上的问题。所以，一旦发现孩子属于这类情况，家长一定要及时干预和处理。

敲黑板

在处理孩子搞出来的烂摊子时，家长必须很好地区分好奇心和攻击性，进而做出正确的决策。因而面对搞破坏的孩子，就有了两个行为上的基本点：保护他的好奇心，同时帮助他管理自己的攻击性。

对于那些因为好奇心而搞破坏的孩子，应对方法有以下三种。

第一，先处理好孩子搞破坏可能带来的家庭矛盾。

很多家庭没有觉察到，比处理孩子搞破坏更要紧的，是处理搞破坏可能带来的家庭矛盾。有些家长思想开明，觉得孩子撕点东西、拆点东西、在家里墙上画点东西都不是什么大事，但家里的其他成员，尤其是老人，可未必都这么认为。家里大人对孩子搞破坏行为容忍程度的不同，很可能让孩子感到困惑，甚至造成家庭成员间关系的失衡。从更宏观的角度上讲，家长要做的一个重要工作，就是要尽量避免因孩子表达好奇心而造成家庭成员关系的紧张。其负面影响完全可能大过孩子搞破坏行为本身的负面影响。

我儿子两岁多的时候喜欢满墙乱画。现在的年轻家长很开明，不觉得这是什么大事，但我们家在这个时候碰到了挑战：我儿子在墙上画东西，他奶奶不干。我既不能让我儿子不画，又不愿意得罪家里老太太，两头为难，只能想一个折中的办法。于是我从网上花大价钱买了一块钢化玻璃，这东西一般放在公司的会议室里，可以用马克笔在上面写字画图。没过两天，安装钢化玻璃的人把货送到我家，问我："大哥，装哪啊？"我给了他一个他压根儿没想到的答案："下面顶着踢脚线，围着墙铺满。"

钢化玻璃的高度正好是我儿子举手能摸到的高度，家里裸露的墙面都铺上了，他想怎么画就怎么画。我问我妈："这样行不行啊？"老太太同意了。然后我又给我儿子买了十几根各种颜色的马克笔，告诉他："随便画，画完了还能擦，想画什么画什么，随便折腾。"

孩子搞破坏，一旦在不同家庭成员那里有不同的解读，就要考虑这种矛盾可能招致的一些不必要的问题。很多时候，我们最需要处理的不是孩子的搞破坏行为，而是孩子搞破坏可能导致的家庭矛盾，因为家庭矛盾给孩子造成的负面影响，可能比搞破坏本身给孩子造成的负面影响大多了。如果你家孩子的一些搞破坏行为时而得到认同，时而遭遇批评，那你可要多留心了。

第二，给孩子准备一个盒子，用来存放他的"破坏成果"。

在很多家长看来，东西拆了就是拆了，泡了就是泡了，烂了就是烂了，以前完美无缺的好东西一经破坏，就变成了没价值的垃圾与碎片。其实不然，也许在功能上，遭到破坏的东西的确变成了垃圾，但我还是建议你给孩子准备一个盒子，把这些“尸体”好好保存起来。这样一来，“破坏”在孩子看来就不是一件“拆了拉倒”的事儿，而变成一种资源的转化，一种长线的行为：今天拆的这个东西，也可以成为一件玩具，甚至以后还可能有用得上的时候。这个盒子不仅可以提醒孩子以前自己搞过的破坏，更是要告诉他：好奇心的表达总是要留下结果的。这些东西，在大人看来或许一文不值，但其实见证了孩子的成长，是他们能力发展过程中的图腾。它们还可以成为孩子以后动手表达好奇心时，可能会用到的材料与灵感来源，这才是对孩子好奇心的优质引导。

第三，在应对搞破坏行为时，最为治本的方法其实是跟孩子一起折腾。

换个角度看搞破坏，其实它是折腾的一种形式。如果家长能跟孩子一起折腾，那之后孩子搞破坏行为出现的概率必然会大大降低。可能大多数家长当大人当习惯了，已经忘了怎么折腾，但我还是建议你尽快重拾初心，陪着孩子折腾起来。既然搞破坏是源于好奇心的折腾，那家长只要稍加引导，孩子这份折腾的热情完全可以转化成学习知识、培养动手能力与科学素养的契机。

很多爸爸特别爱陪孩子一起折腾，爱跟孩子玩在一起，我也是这样，以至于我妻子总跟朋友抱怨说："有时候我觉得我养了两个儿子。"有个家长曾跟我求助："我们家孩子特别爱玩水，家里什么东西都要往水里泡，连手机也要往水里泡。这破坏搞得都没边儿了，怎么办？"我给他的建议就是，你让他看到水更好玩儿的一面，他就不会沉迷于"把东西泡进水里"这么简单的刺激了。

很多时候，搞破坏的本质就是为了迎合好奇心而折腾。我曾经专门给我儿子看过水中的"扩散现象"。拿一个透明的玻璃杯，里边倒满水，然后找个钢笔墨囊，吸饱了墨汁再一滴滴往水里滴。墨汁在水中散开，我儿子看得特别入神。我还让他自己拿着墨囊有快有慢地滴墨，同时问他："好不好看？"他当然会说"好看"了，于是我就顺势跟他解释这叫作"扩散现象"。

当然，他一个3岁的孩子，还不能明白为什么会有这种物理现象，但他起码记住了"扩散"这个词，好奇心也被极大地满足了。一杯水全变黑了以后，我找了一张湿纸巾，问他："把这张湿巾泡进去，拿出来是白的还是黑的呀？"他回答说："不知道。"我继续兴高采烈地说："我也不知道！我们一起来试试吧！"当他看到拿出来的湿纸巾被染黑时，感到非常兴奋，说还要自己泡一张新的。泡呗，总比泡手机强吧。你家孩子也可能会在其他各种不同的领域“搞破坏”，但本质还是出于好奇心、爱折腾以及喜欢玩，那你也完全可以加入，或许不仅是孩子自己获得成长，你们之间的关系也会更加亲密。

而对那些因有攻击性而搞破坏的孩子，又有哪些行之有效的举措呢？主要有以下两项。

第一，更加积极地响应孩子。

孩子搞破坏，很可能是为了呼唤你跟他互动，即便这种互动是你批评他，甚至打骂他，也总比你跟他之间没有互动要好。大量研究已经证明，越是那些受教育程度低、对孩子的响应偏慢或者偏负面、跟孩子的良性交互偏少的家庭，他们的孩子越容易产生高攻击性行为，为什么呢？因为孩子好好跟你说话你不听，所以他把东西砸了，这样你好歹能搭理他。

第二，帮助孩子学会合理表达自己的负面情绪。

高攻击性的孩子非常需要合理表达情绪的相关训练，而家长自己也不要做一个动不动就点燃的炸药桶。良好地引导孩子表达自己的负面情绪，是家长必须做的工作。

刚刚提到过，我们要给孩子准备一个盒子，其实这招不是我想出来的，而是我爸的点子。在我小的时候，我爸就给我准备了一个这样的盒子，随着时间的推移，盒子里装满了我拆坏的和用水泡烂的东西，有望远镜、闹钟、瑞士军刀、扇子，还有个摩托罗拉寻呼机。我爸这么做倒不是为了拿这些东西来拷问或警示我，而是为了给我的好奇心提供更大的保障和助力。我还记得小时候，只要我又想做点什么突发奇想的小实验了，就会先到这个盒子里找一找，看看有什么能用得上的零件，或者有什么能诱发灵感的结构装置。

其实这个盒子给孩子提供的是，好奇心转变成行为的元素与灵感。这样的一个盒子未必能有效阻止孩子发自好奇心的搞破坏，但它一定可以让这种“破坏”更有章法和条理，更能转化为知识或成长。如果在好奇心表达方面，孩子具备一些自我约束的能力，那他们自然就不太容易失控，也不太容易制造出大家都接受不了的“破坏”。如果你家孩子爱拆东西、撕东西、把东西泡进水里，就可以考虑用类似的办法来帮助他解决问题。

总之，孩子搞破坏，家长先别不分青红皂白上来就打压，先搞清他“搞破坏”的真正动因，随后再“对症下药”。

从“自己的事情自己做”到“搞破坏的解决方案”，我们探讨了不少有必要让孩子在生命初期就养成的个人习惯。但人类毕竟是社会动物，与他人的交流以及在组织内的互动同样是每一个人成长中的必修课。对孩子来说也是一样，从小就培养社交中的优质技能，对他们的成长也大有裨益。毕竟，在成年人的生活中，人与人之间的交流繁杂、竞争激烈，人际交往的难度已经到了要考虑种种“丛林法则”的地步，而对孩子来说，掌握社交中基本的良好习惯，恰恰是这场持续一生的丛林探险的开始。在下一章，我们将进入丛林一探究竟。

• 独立资本加油站 •

面对爱“搞破坏”的孩子，家长必须很好地区分好奇心和攻击性，进而做出正确的决策。两个行为上的基本点是：保护他的好奇心，同时帮助他管理自己的攻击性。

对于那些因为好奇心而搞破坏的孩子，应对方法有如下三点：

第一，先处理好孩子搞破坏可能带来的家庭矛盾；

第二，给孩子准备一个盒子，用来存放他的“破坏成果”；

第三，在应对搞破坏行为时，最为治本的方法其实是跟孩子一起折腾。

但对于那些因有攻击性而搞破坏的孩子，应对方法有如下两项：

第一，更加积极地响应孩子；

第二，帮助孩子学会合理表达自己的负面情绪。

第 3 章

社交：独立资本的丛林探险

在你看来，是孤独对健康的影响大，还是肥胖对健康的影响大呢？

美国杨伯翰大学的心理学教授朱莉安娜·霍尔特-朗斯达（Julianne Holt-Lunstad）分析了与社交相关的 216 项研究，涉及 400 万个个体样本，最终得出了这样的结论：和那些社交状况良好的人相比，孤独的人早亡的可能性增加了 50%；而肥胖导致的人在 70 岁之前死亡的概率仅提高了 30%。

人是社会性动物，很多时候，阻隔社交对人来说甚至是一种惩罚手段，比如监狱里的单独隔间，以及“关小黑屋”这种极不人道的惩罚方式。

这个时代的家长，对孩子社交能力的认可程度越来越高了。孩子需要培养的能力，已经不仅局限在跆拳道、钢琴和诗朗诵上了，与人为善这种能力的训练，在很多家庭的养育体系中，也都被严肃地提上了日程。

从见面说“吃了吗？”这种简单的打招呼行为，到在几千人面前滔滔不绝地演讲，都发生在人与人之间，而这也就让社交能力成为独立资本不可或缺的一个组成部分。

我们的孩子会离开我们，但他们总会去接触其他人，因而与社交相关的种种习惯，比如真诚表达、讲礼貌、别欺负人、别被人欺负等，每一项都非常重要。

2018 年 1 月，《科学美国人》(*Scientific American*) 的封面文章是《孤寂深渊》(*The Toxic Well of Loneliness*)，这篇文章专门探讨了社交质量的低下会给人产生怎样的影响。文章中提到，不同年龄段的人在社交上表现不良的原因各有不同。老年人多是由空巢问题导致的缺少精神慰藉，而青年人多是不太擅长解读外界对他们行为的反馈，至于孩子，则主要是社交技能的缺失。

比利时的鲁汶大学曾于 2015 年发布过一个通过 4 年时间研究得出的报告，他们发现，长期孤独的青少年在社交场合中，无论是否被社交圈子邀请，他们的回应和对此的理解都比其他同龄人要消极。如果被邀请，他们会觉得这是偶然事件，自己还是不招人喜欢；如果没被邀请，他们又开始自怨自艾，觉得自己哪里都不好，所以才这么招人讨厌。同时我们也有理由相信，这些青少年时期出现的社交问题，会影响到孩子未来的发展。

所以我将在这一章帮助家长在孩子年幼的时候就开始

及时干预，为孩子社交能力的培养打下一个良好的基础。这样一来，当他们有朝一日离开家庭、奔赴新生活时，才更能得心应手地处理如下这些事情：

◎跟陌生人打好交道；

◎把陌生人变成朋友；

◎把朋友变成爱人；

◎跟自己的孩子好好交流。

我们即将重点讨论三类问题。

第一类是个体与个体之间的关系，简单来说，就是“一对一”的关系。这种关系是最为基本与简单的关系，也刚好可以拿来当作孩子掌握社交技能的练习素材。我们会探讨孩子在这种关系中表现焦虑的两种方式：撒谎与哭泣，也会进一步讨论一项维护个体关系的核心技能：礼节。

第二类是个体身处群体之中的情况。当孩子进入了集体，就要面对更加复杂的关系网络，大量的个体关系构成了全新的网络关系，而孩子仅仅是其中的一个节点。全班四五十个孩子，你的孩子与其他孩子一样，大家都是平等的，所以群体关系和同伴关系便成为一道全新的命题。有的妈妈爱说：“你看看你们班谁跟你一样？”这其实就是一种对群体关系的强调。在这种关系里，个性让步给了共性，孩子需要一套全新的逻辑去与人相处。所以我们会探讨如何培养孩子的同龄人社交能力，并专门用一节的内容聊聊中国家长特别在乎的，一个很有集体主义风格的关键词：分享。

第三类是社交中的冲突问题。一只手伸出来，5 个指头还不一样齐呢，孩子与别人相处，也不可能是永远和和气气、一帆风顺的。虽说我们需要让孩子有一点血勇，但是一急了就打人恐怕也不是什么值得推崇的解决方法。近段时间校园霸凌事件频发，家长们也很担心，自己的孩子千万别在幼儿园和学校里遭人欺负。所以在本章的最后，我们会从校园霸凌的施暴方和受害方两个角度，谈谈社交中的冲突问题，以及该如何应对。

15 孩子撒谎别揭穿，巧妙暗示杜绝下一次

基本上我每次课程结束后都会安排答疑时间，有一次我碰到一位非常焦虑的母亲向我询问："叶老师，我家孩子才3岁，就学会撒谎了！这么小就撒谎，长大了可怎么办啊？"

的确，在很多家长眼里，单纯、乖巧的孩子突然开始学会搬弄是非、颠倒黑白，这事儿太值得警惕了。

但我郑重地跟这位母亲道喜："恭喜您啊！3岁的孩子会撒谎，说明您家孩子的聪明程度起码超过了50%的同龄孩子。您想想看，如果孩子没有足够的智力、创造力、情绪调控能力以及站在他人的角度上想问题的能力，他能撒谎吗？其实您大可不必如此紧张，孩子智力的发展是在道德发展之前的，这么小的年龄，只要家长多多引导，孩子就不会走上歪路。"

身为家长，我们自己就先要正确地认识撒谎这件事。

● 儿童心理小课堂 ●

现在的孩子撒谎行为出现得越来越早，根本原因还是在于普遍的早慧。根据加拿大多伦多大学应用心理学教授

李康的研究，差不多有 30% 的孩子在他们两岁那年开始第一次撒谎，而到了 4 岁的时候，已经有 80% 的孩子学会撒谎了。而且他的研究发现，越是智力水平高、自控力强、独立性高、积极的孩子，越早开始撒谎。

李康多年来致力于研究儿童在社交中的撒谎行为，并于 2016 年登上了 TED 演讲台。抛开道德评价的视角来研究儿童的撒谎行为，这对他来说非常重要，而这个视角也真正帮助他取得了卓越的科研成就。在那次演讲中，他带来的最新研究成果让听众们更加震撼：孩子们其实已经非常擅长撒谎了，作为父母，你分辨孩子谎言的能力其实远比你自己认为的低。很多时候孩子撒谎了，而你却被蒙在鼓里，这不就是孩子撒谎成功的标志吗？

但这并不意味着孩子撒谎就是家长值得庆祝的事。优秀的孩子会比较早地学会撒谎，也并不能直接说明会撒谎和他们的聪慧及终身幸福相关。等到孩子长大了，那些不道德的撒谎行为就更会与他们的焦虑、欲望以及对外界的不信任相关联了。

3~7 岁的孩子撒谎，基本上不涉及任何道德属性。在这个阶段，撒谎只是他们的一种社交工具。就算过了 7 岁，孩子撒谎的行为也不能一棒子全打死。假设孩子在学校里有遭人欺负的风险，喊两句“我叔叔是警察，谁欺负我我就找我叔叔”来唬一唬对方，也是一种不错的自保方式。

敲黑板

家长真正应该警惕的撒谎行为应具备如下三个特质之一：孩子的撒谎行为伤害到了无辜的他人；孩子通过撒谎获得了不该获得的资源；孩子通过撒谎逃避了本应面对的惩罚。

孩子在 3～5 岁时，撒谎本身并不是“学坏了”的标志。那些谎言，可能是俏皮的小小幻想，也可能是为了起到社交润滑作用的客气话，这些幻想型谎言和社交型谎言都没有问题，唯独功利型谎言才是家长应该重视与处理的。

对年龄比较小的孩子来说，他们自己其实并不知道一些谎言到底有多伤人，这些谎言产生的负面影响其实也算是他们的无心之过。而家长有必要让孩子知道，撒谎是有可能让其他无辜的人遭受伤害的。

需要说明的是，我不是给撒谎这件事“洗白”。即便会撒谎意味着孩子拥有了一些能力，如果家长对此不干预、不处理，后果也未必乐观。对于孩子撒谎，家长必须尽早给予合理的处置，要不然，等孩子再大一点，撒谎就很有可能变成一种错误的社交习惯。

孩子为什么会撒谎？其实他们的负面情绪是造成撒谎的最大原动力。怕挨罚、怕被骂、怕丢人，这些都有可能让孩子选择撒谎。孩子撒谎不是为了“爽”，而是为了逃避“不爽”。作为家长，我们需要跟孩子保持统一战线，接纳孩子正在面对的压力。具体来讲，有以下三条建议。

第一，倘若发现孩子撒谎了，一种比较不错的应对策略是：提及但别揭穿。

每一句谎言都需要用更多的谎言去圆。孩子撒的谎有时候带有很明显的漏洞，而不少家长都喜欢揪着这个漏洞立刻将其揭穿，再加上一些恨铁不成钢的责骂。直接揭穿谎言很容易让孩子下不来台，甚至还会让孩子遭遇的负面感受比不撒谎带来的更大，这种对于撒谎的直接揭穿，不太可能帮助孩子改掉撒谎的毛病，倒更有可能刺激孩子下次撒一个更加无懈可击的谎。

很多家长培养孩子诚实的方法是打击孩子的谎言，这样做其实事倍功半。如果孩子在没撒谎、说实话、跟家长掏心窝子的时候得到了鼓励和充分的认可，那孩子撒谎的可能性就会大大降低。在孩子跟家长表达真情实感，尤其是负面感受，比如被人欺负了、被老师批评了、自己受委屈了等处境中时，家长的接受甚至认可，能很好地防止孩子撒谎。

第二，处理孩子的撒谎行为，大人们“抱团”是必要的。

对于孩子撒谎的态度与处理方法，全家人最好保持高度一致，甚至可以跟幼儿园老师多聊聊，让老师也能用与家长相类似的态度来处理孩子白天上学时的撒谎行为。在孩子的成长过程中，家长有时候容易在观点上南辕北辙，孩子跑到妈妈那里诉苦，妈妈会安慰、鼓励，但同样的事情，爸爸却有可能觉得是小题大做。这种对同一事件的矛盾态度，其实也很容易催生孩子撒谎的行为。

第三，有一些故事家长可能用得上，比如“狼来了”“匹诺曹”等。

这些故事都强调了诚实的美德，孩子听起来也比较容易理解。

我的一位朋友有两个儿子，老大和老二相差 3 岁多，两个小孩淘气起来，恨不能把家都给拆了。有一次，哥儿俩好不容易和平共处一起玩一会儿，我这位朋友赶紧进厨房去做饭。菜刚下锅，还没来得及炒，就听见客厅里“砰”的一声响。她扭身冲出厨房，看到客厅墙上挂的画已经面朝下砸在了地上，好在没有砸到孩子。但两个孩子满脸紧张的神色，一看就知道刚才闯祸了。

没等妈妈问，哥哥就伸手指向了弟弟："他干的！"弟弟一愣，紧接着就号啕大哭，双手不停地挥舞："哥哥干的！哥哥干的！"

当妈妈的一眼就能看出来，弟弟踮着脚都够不到这幅挂在墙上的画，哥哥肯定是恶人先告状了。但我这位朋友处理得很好，她没说"你这哥哥怎么当的！干了坏事还撒谎！怎么给弟弟当榜样"，而是首先处理一把鼻涕一把泪的弟弟，告诉他："妈妈知道不是你做的，不哭了啊。"安抚好了弟弟，她又去询问哥哥有没有被伤到，在得到否定的回答后，她没有指责谁，也没有生气，随后把画挂回原处，接着做饭去了。

等孩子们的爸爸下班回到家后，全家人一起吃饭。妈妈在饭桌上讲起了一个故事：一个 8 岁的男孩摔碎了姨妈家的花瓶，说了谎，但姨妈没有怪罪他，愧疚的男孩给姨妈写了一封信承认错误，姨妈回信表扬他"真是一个诚实的人"。

随后，她又跟家人分享了一个自己小时候的类似经历，才把话头绕到今天的事情上："我知道那个男孩是担心姨妈责备他，实际上并不用担心，比起花瓶，小朋友没有受伤才是最重要的。你们觉得呢？"

虽然她家大儿子当时并没有站出来承认错误，但自那以后，在类似的情况下，老大再也没撒过谎。没有揭穿和羞辱，只有善意的提醒，孩子不傻，他听得出弦外之音。

男孩摔碎花瓶的故事非常不错，还有研究表明，这类故事要比“狼来了”和“匹诺曹”的故事在促进孩子诚实守信的效果上好三倍。根本原因在于，这类故事更加正面，主要情节也是凸显了诚实会获益，而不是撒谎会吃亏。

撒谎不仅出现在逃避风险时，也有可能是低龄的孩子为了达到某种目的而使用的手段。比如，对三四岁的孩子来说，通过谎称“肚子疼”来达到提前下桌不吃饭的目的，就是一种比较常见的情况。

家长在处理这种情况的时候应当始终牢记：可以下桌不吃饭，但一定不要让孩子觉得这是撒谎得逞的结果。倘若孩子认为自己说点儿谎话就可以轻松、快捷地把事情办成，那这会在行为上刺激他说越来越多的谎话。

家长要做的，是积极认可与鼓励孩子没有“肚子疼”、好好吃饭时的表现。唯有让孩子在这个环节领会到正确行为的积极体验，才可以消除孩子那些错误的行为。

那具体要怎么办呢？就是在孩子谎称“肚子疼”的时候，不要直接揭穿，而是就事论事地跟他好好聊下去。可以问他一些问题：“哪里疼啊？怎么疼啊？要不要去医院啊？疼多长时间啦？”孩子会撒谎，撒谎的能力却未必高超，只要你能保持住先别生气，这么跟他聊下去，他自己也会尴尬得编不下去，然后就会认识到，他的谎言并没有骗住家长，同时，亲子之间也避免了直接的冲突。

随后，我们大可以问问孩子的真实感受，也可以鼓励他表达自己的真正需求，比如："为什么要说肚子疼呢？是不是想早点吃完饭去看动画片？"这之后的任务，就是和孩子一起心平气和地聊一聊：他到底想要什么，有什么烦恼，有什么建议的方法，以及父母可以帮上什么忙等。

孩子撒谎的时候，大人先别慌。家长首先要正确认识撒谎这件事，它并不直接意味着孩子学坏了，相反，它还代表孩子的认知能力发展到了一个新的阶段。不过这依然有必要引起重视，如果不予关注，孩子还是有可能会"长歪"的。

导致孩子撒谎的多是一些烦心事。人生不如意事十之八九，孩子要是遇到了压力，可未必只会选择撒谎这一招，有的孩子不撒谎，但是一遇到困难和挫折就开始哭。与撒谎不同，这种应对压力的方式更多的带有"放弃抵抗"的意味，同样值得警醒。下面我们就来聊一聊，如何对付"爱哭鬼"。

• 独立资本加油站 •

导致孩子撒谎的最大原动力是他们的负面情绪。怕挨罚、怕被骂、怕丢人，这些都有可能让孩子选择撒谎。作为家长，我们需要跟孩子保持统一战线，接纳孩子正在面对的压力。具体来讲，有以下三条建议：

第一，倘若发现孩子撒谎了，一种比较不错的应对策略是：提及但别揭穿；

第二，处理孩子的撒谎行为，大人们“抱团”是必要的；

第三，有一些故事家长可能用得上，比如“狼来了”“匹诺曹”等。

16 告别“爱哭鬼”，打开亲子交流的良性循环

我家楼下有个小超市，我偶尔会去那里买点零食和杂物。说是小超市，其实更像 20 年前的那种小卖铺，老板一家三口，做买卖连同生活起居都在这栋房子里，主顾也基本都是附近的住户。

老板家有个 3 岁的儿子，还有一个酷爱打麻将的老板娘，这位老板娘总是坐在麻将桌和收银台中间，从顾客那儿接过来的零钱，一个转身向后就能放到麻将桌上，无缝衔接。

老板家的宝贝儿子大多数时间都在乖乖地自己玩，但有一次我去买东西的时候，情况有些不一样。似乎是孩子想要什么东西而妈妈正忙着打麻将没空理他，于是小伙子放声大叫，不是哭，就是干嚎似的“嗷嗷”地叫。老板娘于是扭过脸来用更高分贝的声音大喝一声：“你给我安静点！”叫声戛然而止，连我也跟着吓了一跳。

回到家，我跟我妻子讲述了这件事，我妻子说这很常见，有不少家长就是酷爱给孩子撂狠话，这么跟孩子沟通，简单粗暴又有效。然而我真不觉得，用如此不安静的

方式让另一个人安静，也算得上是沟通。而且这种所谓的沟通，最终结果往往就是孩子大哭着就范。长此以往，孩子会越来越爱哭，家长会越来越暴躁。

“简单粗暴还有效”的话语可能还包括以下这些：

“再不听话不要你了啊！”

“再不走爸爸妈妈走了啊！”

“再哭爸爸妈妈不给你买某物了啊！”

“你再这样下次再也不带你来某地了啊！”

……

这些话语，如果换在成年人彼此沟通的场景中，如此直白地说出来，想不导致绝交都难。但在家长和自己孩子的对话中却司空见惯。很多家长跟孩子说的话，欢乐温馨的不多，威逼利诱的却不少，好像威逼利诱能解决根本问题似的。

家长对孩子说的那些狠话，本质上来讲根本就不是沟通，而更像是家长失控前的最后通牒，或更极端手段出现前的防空警报，当然也就成了孩子大哭的前奏。

坦诚地讲，朝九晚五再算上加班和通勤的时间，我们本来就和自己的孩子说不了多长时间的话，而这些情绪化的错话、气话、狠话，却占据了相当的份额。或许这些话在当下的效果立竿见影，但是从长远来看，可能存在着相当大的风险。

首先，这种狠话并不利于孩子语言能力的发展。为了起到“一击必杀”的效果，家长往往会选择直接甩给孩子一句非常简单的狠话，而不提供任何与之相关的铺垫、解释和沟通。比如常见的“你再怎样怎样，那就怎样怎样”的句式，这句话传递给孩子的信息其实是非常有限的，单凭这样一句话，不涉及任何蕴含在其中的逻辑关系，也没谈到任何能得出这个结论的原因。也许在家长眼里，这句话背后的因果关系等信息不言而喻，但在孩子看来，这很可能只是一个无法得知更深层信息的简单命令。

狠话的核心优势是够狠，它更依靠语气、表情等情绪辅助手段来传递一些直觉性的信息，至于信息量和语言本身的复杂程度，都存在严重的缺失，与那些耐心的解释、有趣的故事和深情的表述相比，狠话实在是一种低级的语言。长此以往，孩子接触不到“是什么”“为什么”“怎么办”“感受如何”等深层次的语言内容，就会因为从家长那里得到的优质语言过于有限，而面对语言能力发展方面的挑战。

其次，这种交流也有损健康的亲子关系。成人大多都知道关系是需要经营与维护的，而好的关系则需要一些有积极体验的事情来提供助力，所以才有觥筹交错的应酬和情意绵绵的幽会。

亲子关系也是关系的一种，当然也要遵循关系发展的基本规律。在撂狠话的过程中，不管是说的那位，还是听的那位，恐怕体验都不会太好，这对关系有负面影响，也并不难理解。但是，亲子关系远比普通关系深厚，而越是深厚的关系，越不能避免会造成负面体验的事件，所以再恩爱的夫妻也难免有矛盾，再纯粹的知己也可能经历危机。因为大家交情深，偶发一些消极的体验也可以理解，但是撂狠话会严重影响关系中的另一个指标，即关系参与者的行为可预估性。

我们在和别人交往的过程中，交往对象的行为可预估性越高，我们越愿意与之交往，所以绝大多数人宁愿和真小人交朋友，也不愿意和伪君子打交道。当我们对孩子撂狠话的时候，往往没有给孩子预留什么线索和准备时间。我们说的那些狠话，对孩子来说，显得既突如其来又莫名其妙。我们的孩子年龄尚幼，很可能并不知道我们为什么生气、为什么暴怒、为什么突然开始发出指责，自己却又要被动地承受。这种矛盾的体验，对亲子关系毫无益处。

最后，撂狠话也会影响孩子社交能力的正常发展。狠话里所蕴含的威胁和恐吓成分总是很有用的，但是背后潜藏的社交属性却并不美好。我们有时候会跟孩子说："你再不走爸爸妈妈走了啊！"然而，这句话有效的基础并不是父母认为的"我们该走了"，而是孩子认为"父母对他很重要”。威胁式的狠话会让孩子在社交中形成这样的观念：“我要服从那些对我重要的人，如果不服从，我就会失去他。”这样的观念在亲子关系中或许显示不出来有多坏，毕竟父母不至于坑害自己的孩子。如果我们的孩子带着这样的观念长大了，与一个异性相爱了，而这个异性逼着他做他不愿意做的事情呢？我们在矫正孩子的行为时，重要的是让他们知道什么行为是对的，而不是什么行为能够取悦他人。很明显，绝大多数狠话做不到这一点。

我也跟我的孩子说过狠话，我的切身体会是，家长自己在说狠话的时候其实心里也不好受。说句给广大家长开脱的话：匮乏的话语内容、错误的话语体系是家长们实在没招了的一种现实表现。家长往往也是好话说尽、嘴皮子磨破，而孩子就是不听。撂狠话其实是一种很无奈的办法。但是，在不少人愿意花钱去学习“好好说话”的今天，很不幸的是，不少家长其实没有觉察到，他们并没有掌握跟孩子好好说话的基本技能。

对一个成长中的孩子来说，指导总是比指责更合适，可家长却容易模糊了二者的界限，说些自以为是指导、实际上是指责的狠话。狠话也许来自气急攻心，孩子毕竟是亲生的，对我们太重要了，做啥“还不都是为了孩子好”？

敲黑板

请家长时刻警醒，真正为孩子好要远远超越那些直觉性的反应：恰恰因为孩子是亲生的，才更要跟他好好说话。

可惜很多家长并没有掌握这种观点与技能，才造成了亲子交互时的一系列问题，进而养育出动不动就哭的孩子。

有一天，我在翻微信朋友圈的时候，看到一位妈妈发了一段短视频，视频里的女儿看起来才 3 岁左右，正哭得梨花带雨，妈妈就在旁边说："我要把你哭的样子拍下来，放给所有的叔叔阿姨看，让他们看看我们家孩子成天都是什么样子的！不许哭了！"直到视频的最后，孩子的哭声还是没有停住。

我赶紧在下边留言，劝她把这条朋友圈删掉，告诉她："这样做既解决不了问题，又显得不尊重孩子的隐私，一点儿好处都没有。"

这位妈妈删了这条朋友圈之后，又发了一条新的，没有配图和视频，就是一句话："讲道理孩子总是不听，软硬都不吃，老是哭，糟心!”

你可能也会注意到，很多家庭都处在“大人给孩子撂狠话”→“孩子行为失当”→“孩子爱哭”这样一个恶性循环的过程中。“孩子爱哭”并不是一个孤立的事件，往往有一些与之伴生的其他问题，而这些问题甚至会出现在父母身上。

从合理应对孩子爱哭的问题着手，将亲子交互引入良性循环的轨道中，这才是家长应该做的，对此我有以下三条建议。

第一，作为家长，在向孩子表达的时候，一定要注意把信息做降维处理。

经济学家罗宾·霍格思（Robin Hogarth）提出过一个概念，叫作“知识的诅咒”，意思就是在我们获得了大量的经验与知识后，就总会忘记“不了解已熟知的这些知识”是一种什么样的感受。如果让我现在直接去给某个物理学教授当学生，我的老师一定会被我的无知气得半死。《费恩曼物理学讲义》（*The Feynman Lectures on Physics*）之所以得到了很高的评价，一个重要的原因就是费恩曼采用了非常接地气儿的方式和素材来阐述晦涩的物理学概念。很多时候，家长给孩子讲道理的方式，就约等于物理学教授不加处理地直接给我讲解量子物理学。

孩子的抽象思维能力并不强大，很多在成人看来非常基础的词语与概念，他们并不能理解，所以面对家长的长篇大论，孩子有时表现出来的是“蒙圈”，但家长往往误以为他是“拒绝配合”，这个误会就很有可能成为撂狠话的前奏。

第二，家长也可以尝试用语气和态度赢得合作。

用不安静的方式逼着孩子安静，这便是很多家长在语气和态度上存在的问题。可能是家长提出要求的时机不对，可能是家长在让孩子做他们不愿意做的事情，也可能是家长没有给孩子预留足够的时间和空间，总之，家长有时候会选择提高音量、瞪大双眼，希望可以压过孩子一头，并战胜他们的那些反抗，事实上，没有人喜欢被强迫、被威胁，错误的语气和态度恰恰可能激发更大的矛盾与更强烈的反抗。

说句玩笑话：如果我们对孩子的态度有我们对老板的态度一半好，那么孩子对我们会比老板对我们好一倍。要想赢得孩子的合作，完全可以尝试一下更有礼貌的说法，家长们天天口口声声喊着尊重孩子，那不妨再借此机会实践一下：“不好意思，我打扰你一下”“我知道你可能不太愿意，但这真的对我很重要”“如果你愿意，那可真是太好了”……别觉得这些话听上去假惺惺的，真挚的礼貌从不做作。

第三，家长不妨和孩子一起聊聊过去发生的事儿。

这是一条更加强调“防患于未然”的建议。2016 年 8

月期的《心理科学趋势》(*Current Directions in Psychological Science*) 提到了这样一项研究：与孩子共同复述既往经历，可以提升孩子应对压力事件的能力。这项由美国埃默里大学家庭叙述实验室主导的研究，为家长与孩子的交流内容提供了新的指导。

如今，家长与孩子的交流更多集中在家长管孩子、家长教孩子以及家长和孩子一起活动上，却很少有家长专门和孩子一起聊聊过去发生的那些事儿。不管是聊家长的故事、孩子的故事，还是复述一些虚构的故事，都可以让孩子更好地认识事物的发展规律、不同情境下的应对策略，以及在特定环境下，究竟怎样做才是恰当的，进而让孩子在面对压力情境时有更好的表现。这样看来，如果你不想在公共场合对孩子大吼，或许你需要在非公共场合与孩子有更多有价值的交流。

说完该怎么跟孩子好好说话，我们聊一聊孩子爱哭的问题。

其实孩子在 6 岁以前，控制自己不哭的能力是非常弱的，对他们来说，不爽就哭是很正常的一件事。一个人从生下来开始，负面感受的主要表达方式就是哭，饿了会哭、尿了会哭、抱得不舒服也会哭。等到孩子会说话了，他就开始用语言表达了，但这个时候，他的需求也会越来越多，一旦家长拒绝满足，他不开心了，还是会哭。

哭本身不是问题，是孩子负面情绪的主要表达方式，我们要解决的是那些无缘无故的负面情绪、不合理的要求，甚至被满足后还是要哭的行为。

与其他表达形式相比，哭声很容易引起家长的关注，所以孩子本身就比较容易哭。尽管孩子哭的原因可能是不合理的，但家长也要表示“我听到了”，要有一定的反应，比如看看孩子是不是处在危险中，到底是因为什么哭。

家长的反应对孩子的影响很大，有的家长比较冷漠，比如跟孩子说：“就这点儿事哭什么哭？”甚至有的家长假装听不见，就让孩子哭，这样孩子就会一直哭，直到家长理他才肯停下来；而有的家长就会比较溺爱孩子，比如跟他说：“要啥咱就买啊，别哭别哭。”这样无限制地满足孩子，容易让孩子以为什么事情都可以用哭来解决，就容易遇事就哭。

孩子哭，绝大多数都是因为自己想要的和外界做了的之间产生了矛盾。比如想要爸爸妈妈在身边，可他们就要去上班了；害怕打针，疫苗却不得不打；想要自己在某个地方多玩一会儿，但爸爸妈妈说“再不走就不要你了”，这些都容易让孩子哭。

这时，无论是批评还是制止都没用，真正要做的，就是调整孩子的期待，然后满足孩子的合理要求。

敲黑板

对于孩子哭，正确的反应应该是让孩子知道“我注意到你在哭”，然后告诉他“咱们看看能想到什么好的解决方法”。

首先，对待婴儿时期孩子的哭闹，身体接触是非常有效的方法。

这一点其实不用多谈，孩子一哭起来，很多母亲下意识的反应就是拥抱与安抚。研究发现，从灵长类发展到人类，母亲有节律的心跳、摇晃手臂以及有规律地拍打孩子的后背，都能有效平复新生儿的焦虑。

这些行为都能让孩子感受到：“妈妈离我很近，她还醒着，所以我很安全。”另外，臂弯和具有包裹感的睡眠环境与母亲的子宫环境相似，这也能让孩子迅速平复情绪。

其次，对大一点儿孩子的哭闹，家长有必要了解孩子的真正需求，找寻相关的解决办法。

孩子哭，在不涉及身心安全的情况下，其实不用批评和制止，虽然大声说“不许哭”好像很有用，但往往只会吓住孩子，并不能解决问题。

我们不妨允许孩子多哭一会儿，让他知道“爸爸妈妈知道了”，同时要告诉他：“哭得差不多的时候，可以来找爸爸妈妈一起想解决的办法。”

有的孩子不擅长表达，家长也不要说：“你怎么总是无理取闹啊？”换作咱们大人哭，却被别人说成无理取闹，心里肯定也是不开心的，甚至还要和对方对抗，何况孩子呢？

家长可以用比较简短的问题问孩子：“你是不是想看动画片呀？你是不是想买这个玩具啊？”

在了解了孩子的需求之后，我们就可以给出一个备选计划，比如孩子吵着要买玩具，但家里的玩具足够多了，就可以和孩子商量：“你看家里有很多玩具了，我们可以买一本和玩具相关的书，也可以等到下次出了新玩具再买，你认为哪种比较好呢？”这样不仅解决了问题，还能让孩子在下次出现类似情况的时候，知道自己可以做哪些选择。

最后，随着孩子年龄渐长，挫败感也会成为他哭泣的重要原因，此时要帮他重新设置一个容易一点的、能匹配他当前能力的新目标。

比如 11 个月大的孩子学走路，走不好也不会懊恼，但两三岁的孩子要是发现自己拼不好拼图，可能就会哭，还会愤怒。

孩子总是在探索个人能力的边界，当他对自己的期待超过了他的能力水平时，就容易产生矛盾，挫败感由此产生。遇到这种情况，家长不要急着否定孩子，说什么“自己做不好就知道哭”之类的狠话，而是帮他重新设置一个容易一点的、能匹配他当前能力的新目标，比如 8 块的拼图拼不好，那就先拼 4 块的；玩游戏总是输，那就引导孩子关注自己是不是比之前进步了一点，不要太强调输赢。

我有一位朋友，他家孩子可能的确没什么音乐天赋，当全班的小朋友都能用竖笛吹出个调子的时候，他却怎么也做不到，虽然老师没批评他，同学们也没笑话他，但回到家后，在餐桌上一说起这件事，他立刻就哭了。

如果发现别的孩子能做到，但自己孩子做不到时，不要给孩子施加更大的压力，或是给出一些不切实际的建议，咱们要跟他一起寻找一个能够促进他成长和进步的方法。

在这一点上，我那位朋友就做得不错，他没有跟孩子说“别人都会，怎么就你最特殊”，也没有说“你再努努力，每天多练习 3 个小时试试”，而是和孩子认真讨论了“在这件事上，哪些是我们能做的”。

他们讨论过后发现，其实孩子不喜欢竖笛，也没啥音乐天赋，这种情况下，做什么努力都帮助不大，于是他就跟孩子说："其实不管会不会吹竖笛，你都是我心中最棒的小男孩，这不会影响爸爸妈妈爱你，你看我们也都不会吹竖笛。"

确实，会不会吹竖笛是说明不了什么的，每个孩子都有自己擅长的，也有自己不擅长的，帮助孩子接纳自己的不擅长之处，而不是自暴自弃、否定自己，就是一个很棒的方法。

哭是孩子应对压力的一种表现形式。其实孩子的压力处理系统也非常复杂，不仅有多种表现形式，还有着多种压力的输入来源，其中最典型的一种来自社交的压力，就是陌生人焦虑，而与之伴生的一种常见的生活场景，便是不爱跟人打招呼，接下来我们就探讨一下这个问题。

●独立资本加油站●

面对孩子的哭闹，撂狠话的方法虽然暂时有效，但是后患无穷。将亲子交互引入良性循环的轨道中，才是家长应该做的，对此有以下三条建议：

第一，作为家长，在向孩子表达的时候，一定要注意把信息做降维处理；

第二，家长也可以尝试用语气和态度赢得合作；

第三，家长不妨和孩子一起聊聊过去发生的事儿。

针对孩子的哭闹，正确的反应应该是让孩子知道"我注意到你在哭”，然后告诉他“咱们看看能想到什么好的解决方法”。在此基础上，对于不同年龄段的孩子，也有不同的解决方法：

首先，对待婴儿时期孩子的哭闹，身体接触是非常有效的方法；

其次，对大一点儿孩子的哭闹，家长有必要了解孩子的真正需求，找寻相关的解决办法；

最后，随着孩子年龄渐长，挫败感也会成为他哭泣的重要原因，此时要帮他重新设置一个容易一点的、能匹配他当前能力的新目标。

17 讲礼仪，懂礼貌，做好孩子与外界沟通的桥梁

“见了长辈打招呼”这一礼貌信条，陪伴了好几代中国人的童年。带孩子出门或家里来了客人，爸妈总会督促孩子：“乖，快问叔叔阿姨好！”这就像一句口头禅。孩子要是甜甜地说一声：“叔叔阿姨好！”家长就觉得特别长脸，这孩子真懂事，肯定人见人爱；如果孩子一直紧闭着小嘴，扭扭捏捏不肯打招呼，有些家长就会觉得很尴尬，难免会责怪孩子：“你这孩子怎么这么没礼貌？”

敲黑板

当孩子意识到了你我有别、亲疏有别，却没有对社交规范产生深刻的认识时，要去和那些相对陌生的人打照面，自然很难表现得多么热情友善。在没有做好准备的情况下不愿意积极地投入社交，恰恰是孩子长大了的一种表现。

很多家长认为，不打招呼就是典型的“没礼貌”加

“不听话”，其实深究孩子不打招呼的原因，与其说是孩子学会了叛逆，倒不如说是孩子的自我意识开始觉醒。

在孩子练习社交的过程中，家长的最大问题在于：还没有教会孩子社交的规则，就用成熟的社交标准来要求孩子。作为家长，当我们希望孩子友好而热情地对待他人时，我们就应当为这种友好和热情提供基本的保障。

想要帮助孩子形成见面打招呼的礼貌习惯，家长要给孩子搭好梯子，可以尝试以下四个建议。

第一，郑重地介绍双方，给孩子打招呼提供一个实际入口。

当我们做东请客，席间有几个朋友，他们彼此之间不认识的时候，我们是怎么做的呢？我们会向甲介绍乙，又向乙介绍甲，甚至还会顺水推舟地给人戴顶高帽子：“甲大哥可是咱们市有名的企业家，乙兄弟跟我可是多年的交情，都是好朋友，你们等会儿加个微信，平时也能多交流交流！”这些话语给甲和乙提供了良好的沟通基础和交际入口。可孩子跟人打招呼的交际入口又在哪里呢？很多家长没有意识到，当孩子萌生了自我意识以后，在很多场合，我们的确不能再将他仅仅看作一个孩子了，他是个独立个体，他配得上一次郑重的介绍。孩子见到陌生人，需要你从中间给双方做一下介绍，作为社交的起点。劈头盖脸没来由地就被要求喊“叔叔阿姨”，谁都不愿意。细细想来，我们欠孩子许多次正式的双方引见。

第二，家长大可不必对孩子打招呼的形式做强求，让孩子选择自己喜欢的方式。

现在都21世纪了，其实绝大多数人都能接受来自孩子各种形式的“招呼”。当正式引见完双方后，我们可以让孩子自己选择打招呼的方式：一句简单的“早上好!”或者是洋气一些的“很高兴见到你!”甚至握手和拥抱，都是可选项。对绝大多数孩子来说，不打招呼并不是因为不懂礼貌或者恐惧社交，而更多的是被突如其来的沟通需求打了一个措手不及，以至于显得有些窘迫。这时如果让孩子选择自己喜欢的表达方式，能让他感觉舒服很多。

第三，如果孩子实在不愿意见面的时候问候对方，不妨让孩子来说“再见”。

每个人对陌生人都会有焦虑感，大部分成人都有过社交上的退避心理，更何况孩子。我们跟人问好，下一个阶段自然就是交流，而交流内容和感受的不确定性会更加刺激孩子不愿意打招呼。但是告别不会有这个问题，因为说“再见”之后就是各走各的路了。在办法用尽，孩子还是不愿意打招呼时，出于礼貌的考虑，我们不妨先替孩子接过话茬，最后让他来告个别就行了。

第四，不要硬碰硬地强迫孩子问好，强扭的瓜不甜，其实大家都尴尬。

很多家长怕丢面子，孩子不打招呼就非要强迫他，不管是沉默等待还是“碎碎念”，其实都是一种强迫。“下不来台”是孩子此时最直接的感受，而大人们其实也觉得尴尬。如果孩子不是对人家拳打脚踢、乱吐口水，而是安安静静地表现着他的陌生感，那我们不妨先把孩子护在身边，跟对方随便客套客套，而不要让孩子成为大人们集体关注的负面焦点。

我们不妨来完整复盘一次典型的“不打招呼”场景。

你带着孩子走进电梯，发现同住一栋楼的老张也进了电梯，你跟老张点头寒暄：“吃饭了吗？”老张看上去也挺开心：“吃了吃了！”紧接着指了指你家孩子说，“哟！你家儿子都长这么高啦！你看现在的孩子营养好，长得就是快！”这时你稍微拍了拍孩子的脑袋：“快叫张大爷！”孩子却一个劲儿地往电梯间的边缘挪，不愿意多说话。

哪怕是个孩子，他的人际交往也要遵循社交的基本规律：我为什么要跟一个既不认识我、我也不认识的人热情地打招呼，还喊他“大爷”呢？

对大多数家长来说，这样做可能会更好：当老张说完话时，我们应当向他介绍一下我们的孩子，口吻应当轻松而稍带一点骄傲。随后，也应当向孩子郑重地介绍一下老张，并伴以孩子能够了解的描述。

此外，我们也不一定非要让孩子毕恭毕敬地叫上一声“大爷”，担心其他打招呼的形式会显得不够礼貌。“来跟大爷打个招呼！”要比“快叫张大爷！”效果好多了。

不过，很多情况下我们给孩子的社交预热还是没有做足火候，即使我们已经尽力而为了，孩子也完全有可能还是没有表现出礼貌的行为。这时候，对方很有可能会用这样的话来打圆场：“哎哟，小朋友还有点儿怕生呢，是不是？”

这时有的家长就开始忙不迭地解释：“这孩子平时在家很有礼貌的，今天也不知道怎么了。”而后就开始继续敦促孩子：“来来来，快叫大爷！”可是这些话语很难起到作用，孩子不是依旧一言不发，就是实在被逼得没法了，低着头从牙缝里挤出来一个“大爷”。

正确的方法其实是跟孩子站在一起，而非一个劲儿地逼着孩子就范。你可以这样跟对方解释：“他也不是怕生，他只是需要一点时间来熟悉和准备。也许等一会儿，他就准备好了。”然后就不要再把关注点集中在孩子身上，而是和对方继续你们之间先前的话题。当与对方分别时，再提醒孩子跟对方道别。相较于问好，孩子对道别一般不会那么排斥，一方面是因为道别意味着社交的结束，另一方面是因为相较于多样化的问候，道别的形式比较单一，而且好掌握。

敲黑板

家长总会为孩子的正确行为做各种预先假设，却忽视了正确的行为需要正确的引导和适当的基础；我们一直在教育孩子“怎么做是对的”，可总是忘了向孩子解释“为什么”；我们总是着眼于那些良好的行为，却选择性无视那些催生良好行为的心理土壤。

在我看来，身为家长，我们不应当做提醒孩子“嘿！该打招呼了！”的那个教官，而应当做引导他自然而然打出招呼的向导。

关于孩子打招呼这件事儿，家长大可不必每次都上纲上线到有没有礼貌的地步，毕竟这种事情只是社交中比较浅层的交往，通过学习总是可以掌握的。打招呼是人们开始社交的前奏，随后便是更加深入的交互。但有的孩子似乎表现得不太合群，小小年纪就开始体验孤独，这其实是一个更值得深入探讨的问题：当孩子总是独自一人玩，我们做些什么可以提升他与同龄人社交的能力呢？下面我们就深入说一说。

独立资本加油站

当孩子意识到了你我有别、亲疏有别，却没有对社交规范产生深刻的认识时，要去和那些相对陌生的人打照面，自然很难表现得多么热情友善。在没有做好准备的情况下不愿意积极地投入社交，恰恰是孩子长大了的一种表现。想要帮助孩子形成见面打招呼的礼貌习惯，家长要给孩子搭好梯子，可以尝试以下四条建议：

第一，郑重地介绍双方，给孩子打招呼提供一个实际入口；

第二，家长大可不必对孩子打招呼的形式做强求，让孩子选择自己喜欢的方式；

第三，如果孩子实在不愿意见面的时候问候对方，不妨让孩子来说“再见”；

第四，不要硬碰硬地强迫孩子问好，强扭的瓜不甜，其实大家都尴尬。

18 找到适合孩子的社交模式，内向外向并不重要

2012 年底，美国知名的就业指导机构美国大学与雇主协会（National Association of Colleges and Employers, NACE）发表了一份调查报告，其中提到了当代雇主们最期待在员工身上看到的优点，排名第一的是“在组织内部与外部与他人进行口头交流的能力”，在招聘者眼中，其重要性甚至超过了“在团队中工作的能力”。

不同的社会阶段对人的性格特质有着不同的态度，很明显，我们正处于一个外向偏好的时代，敢说、能说、会说的人在各种场合都有着优势。虽然内向和外向都是没有好坏之分的人格属性，可是高效率地跟人打交道仍然是每个人都应当具备的特质。这个时代在文化上就偏爱外向性格的人，自然而然，很多家长就开始对孩子的内向性格产生焦虑。

不少家长担心自己的孩子会因为太过内向，在社交能力这方面没法赢在起跑线上。这就导致了“老师，我们家孩子有点内向，可怎么办呢？”成了一个很常见的问题。每每被问到这个问题，我都会反问家长：“您家孩子到底是

内向、害羞、自卑、自闭这四种情况中的哪一种呢?”绝大多数家长这时候就只剩下一脸疑惑，他们其实自己都不清楚，不同的心理特质跟孩子同龄人社交的表现之间到底是个什么关系。

前文提到，内向跟外向最大的区别就是，对外界刺激的需求量不同。外向的人对外界刺激的需求量大一些，内向的人对外界刺激的需求量小一些，但不管是内向还是外向，性格的拥有者对自我都应该是肯定并认同的：外向内向都是好性格。

但家长还是会担心类似的问题：“我儿子从小性格就内向，总喜欢自己一个人玩，现在 4 岁了，看起来还是老样子，甚至有点排斥别的小朋友，该怎么办?”

家长的这种担心很容易转变成一些行动：报小小主持人培训班、报舞蹈班，或者强迫孩子去参加一些他本来不想去参加的活动。可是我观察过很多类似辅导班的教育流程，也观摩过一些有汇报表演性质的孩子演出，我发现很多培训班都只在培养孩子的体态、发音方法等技术上下功夫。须知，教孩子沟通跟教孩子朗诵是截然不同的两个概念。

比起报各种看似能让孩子变得开朗外向的培训班，其实完全有一些成本更低、收效更好的方法值得尝试，比如以下四条。

第一，家长应该认识到：外向不是社交的唯一前提条件，帮孩子找到适合自己的社交模式是家长的责任。

外向或者内向，乃至合不合群，都具有相当的先天性因素，而且因人而异。不管孩子喜不喜欢与人打交道，只要孩子能够很好地认可自己，过得开心、快乐又舒服，其实就可以了。我们不应该也不能逼迫内向的孩子时时刻刻左右逢源，也不能逼迫外向的孩子安安静静地枯坐一整天。我们应当让孩子找到最适合他自己的生活节奏与生活方式。

第二，家长应该认识到：所有孩子都不是生来就能跟其他小朋友一起互动的，同龄人互动的能力也随着孩子的成长而逐渐发展。

对两岁的孩子来说，同龄人游戏基本都采用“平行游戏”的方式。平行游戏指的是虽然同处一个空间，但是基本上你玩你的，我玩我的。这也是孩子们爱抢玩具的原因。这个年龄段的孩子根本就不会一起玩，在玩具有限的情况下当然要抢了。

随后，孩子会逐渐发展出“旁观者游戏”的能力，不少 3 岁的孩子已经掌握这项技能了。一个小朋友玩游戏的时候，旁边还有个小朋友在安安静静地看着，这就是旁观者游戏。这种能力会一直保留在人们的交流模式中，从路边看别人下象棋时的“观棋不语真君子”，到捧着手机在各大直播平台上看游戏主播打游戏的青年，其实都在采用旁观者游戏的方法参与游戏。

3 岁半以后，孩子们才开始掌握更加复杂的社会性游戏，并涉及更高水平的互动。最初的阶段就是“联合游戏”。联合游戏指的是两个或者更多的孩子，通过共享或者转借玩具的方式来进行互动，尽管他们做着各自不同的事情，但是彼此之间有所交流。

同龄人游戏的最终发展阶段是“合作性的游戏”。到了这一阶段，孩子才真正开始与他人一起玩耍，轮流使用玩具，或者发起竞赛，甚至共同设计一些有规则要求的环节，其中最经典、最流行的游戏形式当属过家家，这就是一种良好的合作性游戏。

孩子参与同龄人社交的方式是循序渐进的。我们不该要求两岁半的孩子跟别人好好玩过家家，而是应该尊重孩子当下的发展阶段，选择匹配他当下能力的游戏形式。

孩子终归是孩子，他们暂时还不能掌握大人才能熟练使用的高级社交手段。而在他们能学会的初级社交方式里，有一个重要的属性，即只能同甘，不能共苦。

儿童心理小课堂

心理学者凯瑟琳·帕克（Kathryn A. Park）率领他的

研究团队针对 24 组学龄前儿童的友谊发展进行了深入研究，并把他们的研究成果发表在了 1993 年的《发展心理学》（*Developmental Psychology*）上。帕克的研究证明，3 岁孩子友谊的发展，来自共同参与的活动所带来的快乐，比如一起做事、一起玩耍、一起运动，大一些的学龄前儿童则开始关注信任、支持以及共同的兴趣等抽象的概念，家长如果想让孩子跟其他人一起互动，一定要注意，互动内容必须有跟孩子年龄段相匹配的趣味性和娱乐性，才能诱发孩子参与的兴趣。

第三，投入同龄人互动的是孩子本人，但家长完全可以帮助孩子，为他们在互动前、互动中和互动后提供更多资源。

如何提供更多资源？比如提前准备恰当的玩具，别让“玩起来”变成“抢起来”。最好不要给 3 岁以下的孩子们提供不可拆分的玩具，这非但不会刺激他们合作，反而会刺激他们争抢。这个阶段的孩子本身就不擅长多人交互，所以才动不动就抢汽车、抢娃娃、抢变形金刚。给他们提供积木、大数量的模型、多本图书，才能解决问题。

再比如提前跟孩子做好与人交流的情景演练，尤其是在进入一些并不随意的社交场合之前，比如严肃的聚会、看演出、出席活动等。任何人对陌生的环境和人群都会感到焦虑，孩子也是一样。倘若在投入新环境、接触新个体之前，作为孩子最亲近的人，家长跟孩子有一些情景演练，帮孩子进行更多的练习，同时也让他感到自己对即将到来的挑战已经做好了准备，那么情况就会好很多。

“动起来”也是一种高效的交流形式。一起运动能带来相当的社交好感，这个效应深深地刻在人类的基因中。并不是只有玩具、电子游戏和零食才能让孩子们高高兴兴地凑在一起。像我们小时候，一个漏气的破皮球大家不也都抢着踢吗？也许今天破皮球已经很难引起孩子们的兴趣了，但让孩子们动起来，依然是很好的社交破冰方法。

第四，家长要帮孩子“长脸”。

如果你只有100块钱的储蓄，那你大概没什么兴趣逛奢侈品店。同理，孩子在新环境里的互动、跟新朋友的接触，也需要有充足的自我认同和资源储备做前提。自卑与害羞的孩子之所以不爱跟人积极交互，其实还是因为觉得自己不够好或缺乏资源。当孩子要出入同龄人众多的场合时，家长其实也该给孩子准备一些资源：穿得体面点儿，带着属于自己的玩具，以及拥有够酷的父母。

我有一位同事，特别擅长给他家孩子“吊胃口”。每次带孩子去一些社交场合或者参加活动，开车的路上他就会开始给孩子“吊胃口”，比如绘声绘色地给孩子描绘今天会碰到什么样的人，做什么样的事，会多么有趣，等等。更关键的是，他还会问孩子问题。

有一次，我们两家一起去采摘，他在路上就问他家孩子：

“每次出门都跟叶叔叔家的儿子一起玩，今天要不要换一个？”

“要！”

“今天在采摘园有种小树苗的环节，你想跟什么样的小朋友一起种啊？”

“小姐姐。”

“好啊！跟什么样的小姐姐一起种啊？穿粉衣服的，还是穿黄衣服的？”

“粉衣服的！”

“好嘞！爸爸一停好车，就帮你找。那你怎么邀请穿粉衣服的小姐姐啊？”

“我要和她种树。”

“哦！你就说：‘小姐姐，我想和你一起种小树苗，好不好啊？’这样行吗？”

“行。”

“来和爸爸说一遍。”

“小姐姐，我想和你一起种小树苗，好不好啊？”

“太好了！就是这样！”

等到了采摘园，不少孩子都集中在了一起。我这位同事指着一个穿粉衣服的小女孩，问他儿子："刚才路上说的是不是她？"

"是！"

随后我们两家和小姑娘一家一起玩了一天，其乐融融。

除此之外，与同龄人社交相关的最典型场景之一，恐怕就是入园适应了。初上幼儿园，孩子们都不愿意去，因为没有小伙伴。

我儿子的入园适应工作在开学前半个月就开始了，我们带他提前看了他即将学习的教室、睡觉的地方、能玩到的玩具、可以做户外活动的操场，也带他接触了他即将加入班级的老师。我们的目的很简单：让孩子对这个新的环境拥有积极的期待。

在很多家庭里，孩子入园的情况是这样的：前一天还过得好好的，没有任何预告，第二天直接就被送去了幼儿园。正处于以自我为中心阶段的孩子会觉得，是不是自己犯了错？孩子有了这样的想法，幼儿园自然而然就变成了惩罚犯人的牢房，那孩子当然不愿意天天去了。

还有的家庭，孩子快上幼儿园了，家长比孩子还焦虑：吃不好怎么办？睡不好怎么办？被别的孩子欺负了怎么办？老师关照不到怎么办？……孩子对幼儿园的预期完全有可能因为家长的这种焦虑而被带"跑偏"：大人都觉得这个地方很糟糕，那这个地方是有多糟糕呢？

我儿子对上幼儿园很期待，很大程度上是因为“第一次亲密接触”时感觉就不错。不过这还不够，他也有入园适应的问题，开学第二周，他就开始抵触上幼儿园了。

于是我决定当一个给孩子“长脸”的爸爸。适逢有人送了我一些国外的糖果，于是我顺坡下驴地问我儿子：“你愿不愿意明天去幼儿园，和小朋友、老师一起分享糖果啊？让大家都尝尝，相信大家也会跟你一样喜欢吃的。”

我儿子不仅同意了，还对这次分享充满了期待。

我在家里和他演练了第二天的分享要点，比如要亲手把糖果放到其他小朋友的手里，每个小朋友都要照顾到，不要忘记分给老师等。其实，孩子在次日做到了多少并不重要，这种演练带给他的“我准备好了要跟别人打交道”的感觉才最重要。

第二天，我们在老师的微信朋友圈里看到了我儿子分享糖果的“盛况”，并在儿子回来以后首先提到了这件事，也表扬了他，周末还在奶奶家的饭桌上再次谈到了这件事。

这件事开启了我儿子所在幼儿园班级的分享高潮，这之后，隔三岔五就有小朋友在班上分享旅行带回来的小礼物、自家做的小糕点，甚至手工制作的小玩意儿。

与此同时，这件事也在极大程度上缓解了孩子的入园适应问题，开学三周，我儿子已经可以天天开开心心地自己冲进幼儿园了。

入园半年后，我儿子所在的幼儿园组织他们班的小朋友举办了一场小型联欢会，全是不到 3 岁的孩子，每个人给全校师生表演一个节目，节目形式完全自选。我对这件事情特别上心，毕竟这是孩子第一次上台演出，而我个人又很看重培养孩子这种公众表达的能力及其背后的心理素质。

于是，照相机、摄像机、手机齐上阵，我跟我妻子早早来到幼儿园，准备看孩子的首秀：唱一首歌。我跟我妻子交了个底：唱得好不好无所谓，我对儿子其实就只有一点期待，不怯场就行。

结果我儿子一上台就跟一众大人小孩无懈可击地打了个招呼，然后唱了一首包括我和他妈妈在内谁都没听懂的歌，只能依稀辨认出用了《两只老虎》这首歌的伴奏。

其他小朋友也都普遍表现得不错，有背古诗的，还有跳广场舞的，但的确有一些孩子表现得太害羞：或是站在台上不敢说话，或是必须妈妈抱着才敢张嘴。

这里就不得不说，对孩子们的同龄人社交来说，害羞的确是个不小的挑战。

● 儿童心理小课堂 ●

从 1995 年开始，北京师范大学心理学部的陈会昌教授就与加拿大的学者合作，对北京市的 208 名儿童进行了持续 20 年的追踪研究，而害羞正是他们研究的关键主题。心理学家们非常想知道：害羞孩子的心理发展特点是什么？他们在家庭、幼儿园和学校会得到怎样的对待？小时候害羞的孩子长大了会不会有变化？害羞到底对孩子的学习成绩和社会适应有怎样的影响？

陈教授的研究发现，在中国儿童中，害羞人群所占的比例要明显高于美国和加拿大的儿童。但在他研究的初期，也就是 20 世纪末的时候，无论是父母、幼儿园教师还是小学教师，都不认为害羞是个多么了不得的缺点。当研究在 21 世纪初逐渐深入以后，情况慢慢发生了变化，研究团队发现害羞的人虽然并不会面临学业上的困扰，却在社会适应方面遭遇了更多的挑战。好在“害羞”并不是一个无法撕去的标签，研究还发现，随着社会经验的积累以及家庭环境的影响，害羞是一个可以改善的问题。

为了促进这种改变，家长与孩子的沟通重心应该放在让孩子去交流，而不是让孩子愿意交流上。在解决孩子害羞的问题时，很多家长都使错了劲儿。他们一个劲儿地劝孩子：“你去跟那些小朋友一起玩啊！”“来，给大家唱一首你新学的歌！”……对于一个害羞的孩子，这通常起不到什么作用。

美国北卡罗来纳大学心理学院的教授海迪·加塞列（Heidi Gazelle）提出“焦虑孤立型儿童”的概念已经很多年了。通过对 700 个孩子的研究，她认为害羞有三种表现：与其他多个孩子共处的时候会紧张；喜欢看着别的孩子玩，但自己不参与；与其他孩子缺少主动的口头交流。而以上这些表现并不说明害羞的孩子不愿意跟他人交流，他们在人多的时候才更焦虑，他们喜欢看着别的孩子玩，他们对于被动地跟别人交流并没那么抵触，这只能说明孩子不敢和他人交流。

其实，害羞的孩子不是不想与他人交互，而是不敢。他们不是不愿意，而是缺少“临门一脚”的勇气，但家长总是在孩子的行为意愿上做文章，却不注重帮孩子迈出第一步的心理关爱。

我们之前提及过外向和内向都是中立的人格属性，它们都很好，但害羞却是一种典型的负面体验。外向的人喜欢参加聚会，因为这个场景提供的新鲜刺激多，所以他们很享受；内向的人宁愿安静地看会儿书，因为这种程度的刺激对他们来说已经足够了，所以他们同样很享受。但是害羞的人与这两者都不同，他们的表现是纠结。害羞的人想去参与社交，但又充满了对自我的否定和不信任，于是总在心中纠结到底应该怎么办。不管外向还是内向，人们都做了自己喜欢的事，但害羞的人不同，他们既没做成自己喜欢的事，还对自己进行了一次比一次深刻的否定。我们培养孩子，应该尊重他天性中的外向倾向或者内向倾向，顺势而为，如果孩子出现了害羞的问题，则一定要尽早下手处理。

同时，害羞本是个正常的事儿，但频繁与不必要的害羞就不是了。很少有人一辈子没害羞过，哪怕平时再放得开的人，大多也经历过在人前羞赧得说不出话的时候。如果孩子的害羞并不是他社交的基调，那家长不必太过紧张，只要孩子“知耻而后勇”就足够了。像刚才提及的那些在幼儿园联欢会上稍显紧张的孩子，我相信他们也会随着成长保持阳光快乐，偶发的害羞可能只是一种练习与适应，也不至于全盘否定。

若想改善孩子的害羞问题，家长要做到以下三点。

首先，想让孩子不害羞，就不要在他做那些异想天开的尝试时打击他。

我儿子在上台唱歌前，跟我说过，他打算唱的曲目是《两只火车》，改编自《两只老虎》，只是把其中一句歌词改成了“一只没有烟囱，一只没有汽笛”。我对此大加赞赏，说：“你就这么唱，一定要玩得开心，我和妈妈在台下一定认真听。”

如果你的孩子想画一头蓝色的大象，你会怎么做呢？如果是我，我就会说：“很酷！我们要不要再给它加一对儿紫色的翅膀呢？”如果孩子的奇思妙想不断被打击，那他的每一个想法都要自己三思过后才敢做出决定。当他自己也拿不准想法是否靠谱时，焦虑和害羞就自然而然地产生了。

其次，要陪伴孩子循序渐进地抵御害羞。

有时候孩子害羞，家长看不下去，就会使用激将法或者直接把孩子推上台，这其实只会让孩子在下一次更加焦虑，因为没有人站在他这一边，他面对众人的目光已经够焦虑了，还要提防亲爹亲妈冷不丁地突然把他推上台。

请停止对孩子的害羞使用“冲击疗法”，先从简单的开始。比如孩子不愿意多说话，那就先不用做口头交流，眼神交流、微笑、拥抱都是很好的积极交互形式；孩子不善于大篇幅地自我表达，那就先从简单的表达形式开始，比如一对一地聊天，问孩子一些半开放性的问题。我们完全可以先从一对一的交流练习开始。

很多家长认为，把孩子扔进孩子堆儿里，就能让孩子不再害羞。实际上，人一多，关系就会复杂，交流难度就更大，对那些真正害羞的孩子来说，这样做反而更有可能逼得他远离群体。倘若你没学过数学，我就直接让你解微积分题，那结果通常不是你无师自通地学会了微积分，而是你直接把数学整个儿放弃了，连两位数加减法你都不敢再碰。所以，先让害羞的孩子从安全的同龄人一对一交流开始，随后再小步子快速走。

循序渐进不仅表现在交流的人数上，也表现在交流的难度上：我们可以不用先练习主动交流，而先练好被动回应的能力。与上一种方法道理相同，对害羞的孩子来说，先练习被动交流比较简单易行。要知道，对很多人来说，虽然问不出好问题，但还是能说出好答案的。我们不妨先让孩子通过积极回应，提升他融入群体的能力，随后再让他练习如何主导交流与沟通。

最后，还有一种可取的方法，就是陪着孩子一起想象他人的观点。

能够对他人的观点进行评价与预估，是非常重要的社交能力。很多孩子害羞，是因为他们不知道自己开口后将会面对什么样的反应。好在日常生活中，有很多东西可以帮助我们与孩子共同练习，提升他们对他人想法与态度的敏感度，比如故事书、动画片、电视剧、电影、身边人发生的事等。这种练习能更好地帮助孩子在社交时“向外看”，尽快停止无意义的消极内观。

我们夫妻俩有一对朋友，他们家最近刚刚经历了一次孩子的“害羞危机”。这两口子有一个乖巧可爱的 8 岁女儿，爸爸阳光帅气很外向，妈妈虽然没那么外向，但在社交中也是让人感觉温柔、舒服的知性女子。

他们家女儿参加了童声合唱团，而且凭借出色的嗓音，时不时还有一两嗓子独唱的机会。

这个小合唱团在北京还算小有名气，时不时还会公演或者去电视台亮个相。之前的“台柱子”因为年龄大了开始变声，团长就开始在团内物色靠谱的独唱候选人，我们朋友的千金就位列其中。

唱得好是一方面，临场发挥也很重要。所以团长有意让几位候选人都在一些公演场合担任重点曲目的独唱，以作考核。

就在小姑娘上台独唱的前一天，她跑到爸妈的卧室说：“我明天不唱了。”

爸妈吓得差点儿从床上滚下来，但还是勉强保持住了，没有在孩子面前失态，问道：“为什么啊？”

“我就是不想唱了。”

其实随着演出日期的临近，他们两口子也意识到了孩子心态的变化。一开始是兴奋与期待，而后就愈发焦虑、恐慌与害羞，看来孩子此刻承受的压力已经过大了，因为在意，所以恐慌。

他们两口子一点交流也没有，就默契地做出了在我看来最正确的决定：“我们支持你，孩子。我们不会逼你做你不想做的事。”

即使他们的内心慌得不行，也充满了不甘心与困惑，却也没有像很多家长那样表现出“这都什么时候了你给我来这一出”的态度。

之后他们追问孩子：“发生什么事了吗？有什么需要我们帮忙的吗？”

孩子回答：“什么也没发生，我就是不想唱了。”

于是爸爸开始尝试让她想象其他人的反应：“可到时候该你唱了，所有人都看着你，等着你唱，该怎么办呢？”

这孩子的回答简直绝了：“我就扭头看我左边的那个女生，这样大家就会以为是该她唱了，不是我。”

他们两口子无言以对，只好说：“宝贝，无论如何，我们支持你做自己想做的事。需要我帮你告诉团长，安排换人吗？”

“不用，我去睡觉了。”

他们两口子的心态在疑惑、理解与恐慌中来回转变，一晚上都没睡好觉，半夜 12 点多给我打电话问：“怎么办？”

我说：“孩子说不用告诉团长，就是她心里有谱儿。我觉得这是对明天的表现感到焦虑，来找你们抒发一下，顺便帮自己争取一些支持。你们做得很好，千万不要争吵和逼迫。明天有需要随时给我发信息。”

第二天，由于音乐会上不能打电话，我就一直在等消息。

估摸着活动进行了 2/3，孩子她爸发来贺电：“唱了，唱得可好了。轮到她唱的时候，中间空的那一秒钟，我觉得有 100 年那么长，我们两口子的心都提到嗓子眼儿了。”

我回了三个字：“没毛病。”

话说回来，就算孩子当时没唱，真的掉了链子，我也不觉得家长的解决方法有问题。孩子害羞本身就是缺乏自我肯定的表现，倘若家长还不跟孩子站在一起，那孩子面对的情况就会更加糟糕。支持而不逼迫，是我们在面对一个害羞的孩子时最应该做的。

孩子的社交能力需要培养，但不能以强迫为手段，以压制孩子的性格为代价。在培养孩子社交能力的过程中，有一种行为在家长中间备受推崇，那就是“分享”。但很多家长对“分享”的认识与解读却存在误区，以至于跟孩子之间多了很多本该避免的矛盾。接下来我们就聊一聊如何让孩子主动分享这一话题。

独立资本加油站

这个时代在文化上就偏爱外向性格的人，自然而然，很多家长就开始对孩子的内向性格产生焦虑。不少家长担心自己的孩子会因为太过内向，在社交能力这方面没法赢在起跑线上，而慌乱地给孩子报各种培训班。其实，比起报各种看似能让孩子变得开朗外向的培训班，完全有一些成本更低、收效更好的方法值得尝试，比如以下四条：

第一，家长应该认识到：外向不是社交的唯一前提条件，帮孩子找到适合自己的社交模式是家长的责任；

第二，家长应该认识到：所有孩子都不是生来就能跟其他小朋友一起互动的，同龄人互动的能力也随着孩子的成长而逐渐发展；

第三，投入同龄人互动的是孩子本人，但家长完全可以帮助孩子，为他们在互动前、互动中和互动后提供更多资源；

第四，家长要帮孩子“长脸”。

而对于孩子们的同龄人社交来说，害羞的确是个不小的挑战。其实，害羞的孩子不是不想与他人交互，而是不敢。他们不是不愿意，只是缺少“临门一脚”的勇气。对此，家长要做到以下三点：

首先，想让孩子不害羞，就不要在他做那些异想天开的尝试时打击他；

其次，要陪伴孩子循序渐进地抵御害羞；

最后，还有一种可取的方法，就是陪着孩子一起想象他人的观点。

19 让主动分享行为自动发生，家长要带头做起来

孩子们在一起玩的时候，很容易玩着玩着就因为抢玩具、抢零食而开始哭闹，每逢这时，不少爸妈就会拿走其中一个孩子的玩具，交给另一个大声哭闹的孩子，还会说上两句："好东西要和小朋友们一起分享，不能太自私哦!"或者因为孩子年龄比较大，就无条件地被要求分享，美其名曰："你是大哥哥，要让着弟弟妹妹。"

其实这些做法都欠妥，潜台词是"谁哭的声音大谁就有理""谁岁数小谁就有理"或者"谁是客人谁就有理"，反正都和真正的分享相去甚远。

分享和公平是完全不同的两回事，在养育过程中却经常被混为一谈。孩子把自己的零食分给小朋友，这叫分享；两个小朋友平分了一把作为奖励的糖果，这叫公平。

儿童心理小课堂

在耶鲁大学心理学家克里斯蒂娜·奥尔森（Christina Olson）和亚力克斯·肖（Alex Shaw）的一项研究中，他们发现了孩子具有利他和公平的本能。

当两个孩子通过打扫自己的房间获得了 5 块橡皮作为奖励时，他们自然而然地期待平分这些奖励。但他们处理没法平分的最后一块橡皮的方式却让很多大人感到费解：孩子们宁愿把没法分的那一块橡皮丢掉，也不愿意让自己或对方多拿一块。孩子是明白平等分配的原则的，但前提是：需要分配的东西是大家共有的。

每一个能被分享的东西都有主人，而分享应当由物品的主人说了算，这个行为一定得是主动的，否则就失掉了分享的本质意义。你并不愿意随便把你的奥迪车钥匙给别人，因为你才是车主。同理，真正的分享一定是物品的主人主动发出的，任何的强迫与替代决策，本质上都是强取豪夺，对于促进孩子学会分享，并没有什么帮助。

敲黑板

在所有促进孩子产生合理分享这种亲社会行为的手段中，家长带头分享的效果最好，毕竟榜样的力量永远不容小觑。很多研究都证明，榜样的力量对于塑造学龄前孩子的亲社会行为影响非常大。

分享作为一种亲社会行为，2~3 岁的孩子就可以主动、自发地和别人分享自己的东西。而这种自发分享的基础其实是同理心，即一种能站在对方的视角上对事物加以感知的能力。对别人因为不能拥有而带来的难过感同身受是最能刺激他做出分享行为的。

美国雷德福大学的临床心理学家萨拉·黑斯廷斯（Sarah Hastings）通过实验证明，看到别人慷慨行为的孩子更容易模仿榜样，当把他们放到类似的环境中时，他们也会表现得很大方；当孩子们看到一个自私的样板后，他们也会学得自私。尤其是那些对人友善并愿意对他人积极响应的成人，更能激起孩子的模仿欲望。事实上，一系列相关研究都有证据指向这样的结论：孩子追求公平是天生的，行为自私却是后天形成的。

要想让孩子的主动分享成为顺水推舟的行为，以下四点建议家长可以参考一下。

第一，事先准备超过孩子最低需求量的东西。

仓廪实而知礼节，就给一块糖，却逼着孩子分享，这不是难为孩子吗？但很多家长就在做类似的事。搞慈善的多是富人，不自私的也多是自己有余裕的人。倘若自己手上资源有限，表现得自私一点其实也是情有可原的。要想让孩子大方地分享，我们就应该为孩子提供相应的资源。

第二，强调东西的可分配性很重要，不要让孩子分享那些不该分享的和没法分享的东西。

有的东西可以比较简单地分配与分享，比如糖果和积木，但有的东西并不具有可分配性，比如妈妈。有的人家里有两个孩子，难免就会有“抢妈妈”的时候。这很容易把家长引入一个巨大的误区：首先，妈妈本人是有独立行为的个体；其次，妈妈不应该被“分享”，而是应该让妈妈和两个孩子都妥善地投入到 3 个人各自的关系中去。

很多时候，孩子拒绝分享并不是他们不愿意把东西给别人，而是不愿意体验“别人有的我没有”那种感受。所以别让分享变成一种被迫的捐赠。很多时候，孩子其实是愿意把东西让给别人的，但与这种分享的冲动相比，孩子可能更担心进入“别人有了我就没有了”的状态。当孩子不愿意分享，而且分享会让他失去本属于自己的权益时，我们就应该充分尊重他，毕竟强扭的瓜不甜。

第三，家长不应当用某种标签来迫使孩子分享。

什么样的标签？典型的就是“你几岁了？他才几岁？你应该让着弟弟”一类的话，年龄大不是罪过，年龄小不是占便宜和犯错误的理由。尤其是家长把这种“让”视为理所当然的时候，这些话就更不会凸显分享的社交优势，而只会给孩子留下“我年龄大我活该”的错误认识，所以激起的通常是孩子的反抗，而非主动的顺从。

第四，应当教育自己的孩子去分享，但千万不要只让他自己做那个分享的人。

分享是为了不孤独，但很多孩子却在体验着被动而孤独的分享。其实我更推崇用“礼物”来替代分享的概念。既然是礼物，那就是一种用来送给对方的东西，目的是深化友谊、证明关系和表达祝福。有时候带孩子和我的一些老朋友一起“自由行”，大家都是拖家带口的，这时我就很喜欢用送礼物的方式给小家伙们的社交开个好头，也为后面几天孩子的主动分享打下基础。

有一年国庆的出行，我们要会一会我大学时的老同学。我和我儿子一起着手准备了两份礼物。一份是我送给我同学的——之前几次一起出行的相册；一份是我儿子送给我同学的女儿的——一幅画。

出发前，我准备我的礼物，他准备他的礼物，我们对次日的见面都非常期待。如意料之中，我的朋友很喜欢我的相册，儿子的朋友也很喜欢他的画。因赠予而产生的积极感受就这样为接下来几天的相处奠定了基础。

既有榜样的力量，又有分享的铺陈，两个孩子的和谐相处也就水到渠成了。随后的几天里，我们也一直注意让孩子们有东西可分享，不管是零食还是玩具，他们在绝大多数时间里都能快快乐乐地共同享受。

但有的事物不能分享，那怎么办呢？比如家有二胎，孩子看到妈妈和另一个孩子亲，自己就不高兴了，怎么办呢？

狠下心来伤害其中一个肯定不是好办法，轮流“使用”妈妈更不是好办法，因为这两个办法都会促使孩子们形成竞争的关系，激发更加激烈的“抢妈妈”行动。

面对这种情况，妈妈首先要做的就是不要让对两个孩子的陪伴转变成两个孩子之间的争抢。我有一位朋友，她总是会寻找能三个人一起做的事，完成母子三人之间的交互。比如妈妈端菜上桌，一个孩子发筷子，另一个孩子帮忙分碗；再比如晚上讲故事，左边一个孩子，右边一个孩子。

更重要的是，我这位朋友从来都会“把两个孩子放在一艘船上”。要是孩子甲做错了，她绝不会批评一个而拿另一个来比较：“你看你这当哥哥的还没弟弟懂事呢！”或者“你哥哥在你这个年纪的时候从来不这样！”这样做其实更会刺激孩子产生不该有的嫉妒甚至恨意，非但起不到改善行为的效果，还更有可能逼着孩子破罐子破摔。

在他们家，有一个孩子犯错，两个孩子是要一起接受批评的，这不是搞“连坐”，而是让两个孩子绑在一起受教育，才不至于激发竞争和矛盾。也恰恰是这种批评的模式，让哥儿俩更顾忌对方的感受，谁也不愿意让无辜的兄弟陪着自己背锅，好习惯也就渐渐培养起来了。同理，一个孩子做得好了，两个人也都能得到表扬，这种用更宏观的、一视同仁的态度来让两个孩子拧成一股绳的方式，其实是非常值得学习的。

分享是一种典型的亲社会行为，但社交并不只有“你好我好大家好”的积极事件。当孩子遭遇了社交中的冲突，我们又该怎么办呢？在这个校园霸凌事件频发的年代，我们又能为孩子做些什么？接下来我们就说一说如何面对校园霸凌。

独立资本加油站

在所有促进孩子产生合理分享这种亲社会行为的手段中，家长带头分享的效果最好，毕竟榜样的力量永远不容小觑。要想让孩子的主动分享成为顺水推舟的行为，以下四点建议家长可以参考一下：

第一，事先准备超过孩子最低需求量的东西；

第二，强调东西的可分配性很重要，不要让孩子分享那些不该分享的和没法分享的东西；

第三，家长不应当用某种标签来迫使孩子分享；

第四，应当教育自己的孩子去分享，但千万不要只让他自己来做那个分享的人。

20 传授正义与反抗精神，让校园霸凌不再来

最近几年，学界对儿童间相互欺凌的行为做了不少研究，主要发现三个趋势：依托网络社交媒体的欺凌行为越来越多，冷暴力欺凌行为越来越多，以及低龄化现象严重，两岁的孩子就可能学会刻意而持续地欺凌他人。

也许家长还带着“小孩儿打架而已”的态度来看待三四岁孩子之间的冲突，但这种冲突必须予以及时、妥善地处理，不然，被欺负的孩子很可能一直被欺负下去，而欺负人的孩子很可能发展成行为不端的小霸王。

但家长总是对类似的事感到棘手，以至于很多代中国人都经历过“他打你了你就打回去”的教育。可是在这种事的处理上，家长应该秉持这样的原则：你该教育你家孩子有点儿血勇，但不该教育你家孩子打回去。

若不提升孩子的血性和果敢，一味地催逼他打回去，你得到的恐怕不是“兔子急了也咬人”的效果，而更可能是孩子迎合家长的马虎对付。

很多时候，是当妈妈的够凶，当孩子的太软，可惜不是凶妈妈吼两句孩子，就能靠“狮吼功”把毕生功力传递

到孩子身上的。另外值得一提的是，凶妈本人，很多时候恐怕还是软娃的一手缔造者。

虽说“哪里有压迫，哪里就有反抗”，但你毕竟不能陪着孩子对抗每一次压迫，所以说，与其逼迫孩子使出反抗手段，不如培养孩子拥有正确的反抗精神。孩子被打了，你教育孩子打回去，那孩子没被打的时候，你的教育哪去了呢？孩子没让人欺负的时候家长对孩子特别强势，孩子一让人欺负了家长就期待孩子突然变成强势的一方，这可能吗？就算孩子听你的，跟人家动上了手，如果真的是带着“是可忍孰不可忍”的态度勇往直前也还好，但更多情况下恐怕还是背负着父母的期待做出违心的行为吧？

我上小学二年级的时候，一节数学课上闹肚子，举了手就跑出楼到厕所宽衣解带。20 世纪 90 年代北方地区的连排蹲坑，想必各位家长也还能够想象。我正用劲儿的时候，厕所里进来了一个高年级的逃学少年，立在蹲着的我面前，我抬头正好能看见他的腰带扣儿。他伸手作扇巴掌状，跟我要钱。

我老家那地方，那时候早饭一大碗面条才一块钱，加个鸡蛋才一块五。我身上仅有的两块二是一笔我自己特别珍视的款子，但没办法，光着腚怎么都强势不起来，只能交了出来，好在这大哥只是劫财，也没打我。

回家后跟我爸一说，他老人家先表示了“没挨揍就好”，然后紧接着就问我那孩子“有多高，几年级的，长什么样儿，有什么面部特征”。这一番话弄得我特别感动，觉得虽然被抢了两块二，但是特别有安全感，满脑子都是：“我爸知道是谁了，这家伙死定了。”也让我明白了下次如果再被欺负，一定要记清楚对方的长相，方便寻仇。虽然这次“被抢劫”事件最后不了了之，但其中隐藏着一种可取的解决问题的渠道：为孩子提升安全感，并教育他有些血勇。

孩子在外面被欺负了，家长心疼得不得了，教孩子打回去吧？以暴制暴毕竟不是什么好方法，可又不能什么都不做吧？孩子受委屈了必须要给一些回应和引导。那有什么办法既能解决当下的问题，又能帮助孩子以后更好地应对类似问题呢？家长先要把握以下三条原则。

首先，家长要具备这样一种良好的能力：能够区分有意的欺负和孩子间的矛盾。

欺凌是强势一方对弱势一方的有意伤害与羞辱，所以总是发生在“以大欺小”“恃强凌弱”的场合。瘦小、个子矮甚至戴眼镜都可能成为被欺负的原因。两个孩子因为抢玩具而打起来不叫欺负，这种时候我们应该致力于帮孩子解决产生矛盾的原因；老师对学生错误行为的批评管教也不叫欺负，我们应该支持真正有道理的一方。如果我们的孩子因为一些非他过错的事或特征而被人欺负、羞辱，家长一定要站起身来，帮助孩子解决问题。

其次，孩子与孩子之间的道歉是一定要有的。

孩子被欺负了，有时对方家长会来道歉，有时对方可能只是带着“不就是小孩子打架吗？屁大点儿事儿”的无所谓态度，但我们一定要帮孩子争取来自欺负他的那个具体个人的道歉。倘若不是这样，孩子心中就会留下一个心结，而且问题也远远没有被真正解决。

最后，要始终保留孩子跟家长表达自己“被欺负了”的通道。

孩子被欺负后最大的悲哀，就是不敢跟老师说，也不敢跟家长说。我们有必要始终维系与孩子的互信关系，成为孩子的避风港。如果孩子被欺负了却不敢跟爸妈提及，那才是为人父母的巨大失败。

落实到具体的方法上，依然有很多可选项，在此我给出以下四条建议。

第一，强势地替孩子争取对方的道歉，并让对方承诺不再欺负人。

孩子受了委屈来找我们，我们要做的并不仅是劝慰与安抚，更应该帮他争取他应得的东西：一次来自施暴方本人的正式道歉。不用对方家长的解释，也不用来自对方的赔礼，更不要大事化小而后小事化了的和稀泥，唯有受到伤害的人接受道歉，同时对方承诺改正，才是最好的句号。孩子会受的委屈有很多种：抢玩具抢不过，被老师批评，中午没吃到喜欢的菜……这时候我们可以安慰，可以讲道理，可以给他再做一顿好吃的补上缺憾。如果委屈的原因是没来由的欺凌，就一定要让对方有一次面对孩子的正式道歉。凭什么要用“下一次你打回去”的话来把解决方案推到“下一次”？凭什么还要有“下一次”？这一次的问题就应该被妥善解决，而解决的形式，就是对方真诚的道歉。

第二，帮助孩子区分朋友与欺负他的人。

美国加州大学洛杉矶分校的发展心理学家亚纳·尤沃宁教授（Jaana Juvonen）的研究发现，在很多家庭里，如果家长不和孩子深聊，甚至都不知道孩子在幼儿园和学校遭遇了欺凌。大人或许都明白霸凌的行为以及被欺负是一种什么体验，但很多孩子其实并不会区分朋友间的互动和被他人欺负，所以孩子的委屈其实并没有机会告诉家长。我们应该跟孩子多聊聊，让他认识到真正的友谊是什么样子的，而以下这些问题，都是尤沃宁教授建议家长可以尝试在家中与孩子谈谈的：

“今天在某地，你玩得怎么样？”

“今天在幼儿园发生什么事了？哪些是让你高兴的？哪些是让你不高兴的？”

“今天在幼儿园，发生了什么让大家都高兴的事吗？”

“今天发生了什么让大家都不高兴的事吗？”

问了这些问题，我们可能会得到这样或那样的答案，但这些答案总会给我们提供一些孩子和他人交互的线索，可以让我们帮助孩子更好地投入社交。

第三，身为家长，我们还应该告诉孩子他拥有什么资源，以及我们时刻准备帮助他。

当孩子被欺负了，很多家长会强调“下次你就打回去”，这其实就是一种对孩子已有资源的强调：“你也有力气，有拳头，你可以打回去。”但这种对资源的强调如果泛化一些，就能起到更好的效果了。除了拳头硬之外，我们还可以让孩子认识到他拥有的其他很多可以保护自己的资源，从而不至于白白被欺负。比如“随时支持他的爸爸妈妈”“能够及时帮助他的老师”，甚至“有一个当警察的叔叔”其实也挺能帮助孩子唬住同龄人的。

但是也要注意，如果跟孩子过多地强调资源，就可能带来另一个风险：孩子是不受欺负了，但因为有恃无恐，他开始欺负别人了。而提升共情能力，才能够让孩子不至于去欺负他人。现在大量的研究证明，孩子的同理心差，是导致他们欺负别人的最重要原因。所以我们还有必要帮孩子去领会那些弱势人群的感受与想法，才能让孩子在社交中保持平衡。

第四，“三十六计走为上”，最后的手段便是“惹不起，躲得起”。

个人与家庭的力量毕竟有限，倘若外界的压力太大，我们又该怎么办？英国广播公司（BBC）的纪录片《千禧婴孩档案》（*Child of Our Time*）中讲了这么一个孩子，他从小就遭受长期欺凌，家长在学校通过观察，发现自己的孩子没有做任何错事就蒙受欺负，于是赶紧给孩子转了学，没二话。

方法应该综合应用才能起到好的作用。别的小朋友故意打自家孩子，究竟该怎么办？

所有心理上的处理都应该让位给生理安全：先强行终止冲突、包扎止血，如果需要去医院，留下对方的联系方式或者带着对方家长一起去。如果孩子不在我们身边，又受了伤、见了血，那我们要第一时间亲自或者安排家里其他大人赶到现场。这时的孩子很需要我们，不仅是需要我们帮助他处理问题，更需要我们及时给他提供心理上的陪伴。

然后就要搞明白到底发生了什么。是争执的升级，还是故意的欺负？我们的孩子有没有打对方？对方孩子有没有受伤？如此等等。如果我们的孩子没有错，那我们就要帮孩子争取来自对方的道歉。如果我们的孩子愿意谅解对方，也要给他自己表达的机会。

更重要的还是一系列的善后工作。比如重新帮助孩子建立心理防线。告诉他爸爸妈妈绝对支持、保护他，也要告诉他："今天的事情他没有犯任何错误，但有时候就是这样，你没犯错误也有可能遭遇麻烦，只要我们妥善处理就好了。"

此外，还要告诉孩子遇到类似的事情一定要跟家长说，不要自己藏着、憋着，这样爸爸妈妈才能尽己所能帮助他。

不要埋怨，不要说任何风凉话，也不要说这是孩子之间的小事。这样只会让孩子觉得无助与无能，进而进入心理感受与错误行为的恶性循环，最后不断压抑被欺负后的负面情绪。

有些欺凌并不是身体上的，而是行为或者情感上的，比如别的小朋友总抢自家孩子的东西。如果总是某个特定的孩子在抢自家孩子的东西，而且屡次交涉都没能起到好的效果，最好的办法就是隔离这两个孩子的交互。教育别人家孩子不是我们的责任与能力范围，很多时候我们只能通过减少两个孩子的相处来解决问题。

如果我们的孩子总是那个"软柿子"，谁都来抢他的东西，那我们就需要帮孩子做更多的心理建设了。比如可以和孩子进行角色扮演，家长来扮演抢东西的人，看看孩子会做何反应。结合孩子的行为，再进行细致的教育和交流。也可以帮孩子建立更强的物权意识，或者培养孩子在社交中适当地强势一些，甚至还要专门教教孩子怎么坚定地对不喜欢的人和事说“不”。我们不能默认孩子什么都懂，倘若不深入地交流或进行角色扮演，我们的那些善意建议其实很容易“跑偏”。

孩子被人欺负，家长诚然会苦恼；孩子若是欺负了别人，家长其实也未必好受。心想自己平时那么与人为善，怎么会教出一个动不动就打人的孩子呢？所以不仅是被欺负的孩子，欺负人的孩子，其实也需要帮助与教育。最后一节，我们就来说说这个问题。

• 独立资本加油站 •

孩子在外面被欺负了，家长心疼得不得了，那有什么办法既能解决当下的问题，又能帮助孩子以后更好地应对类似问题呢？家长先要把握三条原则：

首先，家长要具备这样一种良好的能力：能够区分有意的欺负和孩子间的矛盾；

其次，孩子与孩子之间的道歉是一定要有的；

最后，要始终保留孩子跟家长表达自己“被欺负了”的通道。

落实到具体的方法上，依然有很多可选项，在此我给出以下四条建议：

第一，强势地替孩子争取对方的道歉，并让对方承诺不再欺负人；

第二，帮助孩子区分朋友与欺负他的人；

第三，身为家长，我们还应该告诉孩子他拥有什么资源，以及我们时刻准备帮助他；

第四，“三十六计走为上”，最后的手段便是“惹不起，躲得起”。

21 孩子暴力不要慌，培养同理心是关键

我儿子在上幼儿园 7 个月的时候，咬了其他的小朋友，还不止一次。出事那周的周二和周四，幼儿园的老师都紧急联系了我们两口子，第一次那口咬得比较重，人家小朋友胳膊上都见血了，第二次隔着衣服，虽然没见血，可也有痕迹。

我跟妻子如临大敌。我们俩向来都非常强调与人为善，给儿子取名“叶平易”，也是寄予了他处理好人际关系的美好期待。出了这档子事，尤其是初犯过后的管教居然没见效，我们两口子紧急开了个会，商量了对策。

我非常愿意在这里复盘一下我们对这次问题的处理，但愿其他家长可以防患于未然。

其实，对绝大多数欺凌行为的施加者来说，欺负人的核心原因都是缺乏同理心。

• 儿童心理小课堂 •

在加拿大康考迪亚大学和荷兰拉德堡德大学的一项联合研究中，研究者针对 40 篇已发表的相关论文分析了未

成年人暴力行为的主要诱因，发现孩子打人的一个核心原因是同理心水平有待改善。孩子在攻击他人的时候，倘若不知道别人会有多疼，会有多痛苦，就会进一步做出不友善的行为。想解决孩子打人的问题，从根本上是要让他知道："我打了别人，别人会非常痛苦，会承担本来不必承担的负面体验。"

除此之外，动不动就打人、咬人、踢人、踹人，对很多孩子来说，其实是缺少表达自己负面情绪的手段导致的。我们大人不爽了，可以找朋友聊天，可以自己喝闷酒，可以打投诉电话，但孩子尚未掌握这么多手段，在告诉孩子"不能打其他小朋友"的时候，我们更要告诉他不开心的时候能做些什么。

孩子欺负了别人，在解决这个问题的时候，也是帮助他建立更正确的人际观念的机会：平等、善良、互助都是人与人交往的美德，也是值得进行自我改善的方面。每个人都秉持不同的观念投入到人际互动中，孩子也是一样的。但这三点，我认为是每一个有靠谱门风的家长的共性观点，也是我们有必要让孩子明白并实践的社交原则。

一是平等，纪伯伦说："大殿的角石，并不高于那最低的基石。"不是个子高、长得壮、生得漂亮就能高人一等，若无平等观念，一个人的才能就没有了可以依靠的品质。

二是善良，带着善意对待他人，未必能带来最大化的利益，但肯定能收获最大化的幸福。三是互助，人本身就是社会化的动物，若没有合作和互助，人类就不可能经历漫长的进化历程而发展到如今的地步。

对应这些原则，家长其实有很多可以做的事情，主要有以下五条。

第一，让孩子诚恳地向对方道歉，并承诺不再犯。

做了错事该道歉，这是天经地义的事。我家孩子把人家孩子咬了，对方通情达理，接孩子的时候跟我们一个劲儿地说“算了算了”，但我们一定要让儿子跟对方小朋友严肃、认真地道歉，并承诺以后不再犯类似错误。这既是一件必须做的事，更是一个强调仪式感的过程，这会让孩子知道自己做了一件错事，而且对自己在众人面前的承诺会有更强的坚持力度。我不认为很多家长出于保护孩子的目的而代替孩子道歉、不让孩子站出来承担责任是正确的做法。今天你可以做他的围墙，但明天你可能成为他犯下更大错误的推手。

第二，实施必要的惩罚。

犯错是要付出代价的，我们在之前的内容中详述了该如何正确地惩罚孩子，这里就不再赘述了。

第三，给予正确的指导。

不要只说“不能怎么做”，还要教育孩子“应该怎么做”。“以后不可以了啊！”是很多家长在处理类似问题的时候经常说的话。但这句话还少了后半句，对孩子来说，如果不出手，那应该怎么办呢？这也是我们需要跟孩子认真探讨的。

第四，超越以上三点的，也是最重要的，就是训练孩子的共情能力。

对当代的孩子来说，这已经成为一种重要但稀缺的能力。当孩子打了别人，我们需要在大家平静过后，跟孩子坦诚地聊聊：“你知不知道你打了他，他当时是什么样的感受？他挨打之后又会有多么难过？你知不知道你这样做也会让爸爸妈妈感到难过和失望？”人人都有冲动的时候，但考虑他人的感受是遏制冲动的最有力手段。类似的共情训练才能真正让孩子明白自己的做法会让别人，不管是被欺负的人还是爱他的人，都感到难过。

第五，还要注意的是，想让孩子不欺负他人，家人首先就不要相互欺负。

很多夫妻在家中的交互方式都火药味十足，以至于让孩子觉得暴力是解决问题的最高效手段。有研究发现，如果夫妻之间总是打架或者互扔东西，孩子在社交中对他人采用暴力手段的概率会大大提高。一方面是因为孩子从爸妈那里学到了“拳头才是硬道理，打架才能解决真问题”，另一方面是这样的环境会让孩子丧失对外界与他人的信任感。所以，不想让孩子欺负别人，恐怕要先从端正父母自己的行为做起。

针对我儿子咬人这件事，我们两口子在开会之后，到底是怎么处理的，又做了什么应急预案呢？

首先是非常严肃地道歉，让我儿子给人家孩子道歉，我们两口子也给人家孩子和孩子的父母道了歉。这是孩子犯的错，但这不是孩子一个人的事，就算承认错误，我们也有必要跟孩子在一起，从这时就开始告诉他："我们会帮助你一起改正你的问题。"

随后，我们在回到家后跟孩子进行了深入的交流，目的是进一步培养他的共情能力。我们询问了他事发时的情况，问他为什么要咬其他的小朋友，问他知不知道被他咬的小朋友会很难受，并告诉他："因为爸爸妈妈非常在乎你的成长，你对我们很重要，所以你这样做让爸爸妈妈很难过，但我们相信你能改正过来。"

以上这些做法的力度似乎还不够，因为就算我儿子表达了认错的态度，但转过天来，他还是咬了别的小朋友。

道歉和共情训练依然有必要，可在重复完这两项之后，我们又增加了一点沟通内容："我们已经说过你对我们很重要，所以你的行为让我们非常难过，如今你知错不改，让我们感到有些愤怒，我们觉得光说不行，要实施一些惩罚手段了。"

为了对行为的改善起到可持续的效果，惩罚就有了必要性。虽然惩罚的内容最好和所犯的错误相关，但跟“攻击他人”相关的惩罚很难逃脱体罚的范畴，所以我们只好退而求其次：取消了我儿子未来一个月内所有的看动画片的时间，也取消了他未来一个月内所有新玩具的购入计划。

值得说明的是，惩罚本身的力度已经足够了，所以就没有必要伴随其他的东西，我们该给他讲故事就讲、该带他出去玩就带、该认可他的进步和成长就认可，这一切都照旧。惩罚就是惩罚，并不一定始终伴随着批评、指责和板着脸。孩子知道自己做错了，虽然很不愿意接受没有动画片看的事实，但还是默默地承担了下来，在之后的一个月里，虽然看不成动画片，却也没哭没闹，该玩玩具就玩，该看书就看。我们也把话说得很明白：只要他一个月内不再犯类似的错误，等到了时间，我们就和他一起去庆祝，也承诺会归还他该有的看动画片时间和买新玩具的权利。

说实话，就算如此，我们也还是做好了最坏的打算。晚上儿子睡着后，我跟妻子又开了个小会，主要议题是：“如果还有第三次，我们该怎么办？”最终我们认为，如果再有一次，我们恐怕就要回归最行为主义的解决手段了：精心设计一个场景，让他自己尝尝被咬是什么感觉，进而认识到这么做到底会让他蒙受怎样的损失。

好在最终惩罚的进展很顺利，孩子情绪稳定，更重要的是，幼儿园老师也给我们发来了消息：“孩子这几天在幼儿园表现很好。” 我们悬着的心这才放下了一些，期待最后的撒手锏永远没有用到的机会。

• 独立资本加油站 •

对绝大多数欺凌行为的施加者来说，欺负人的核心原因都是缺乏同理心。孩子欺负了别人，在解决这个问题的时候，也是帮助他建立更正确的人际观念的机会：平等、善良、互助都是人与人交往的美德，也是值得进行自我改善的方面。而对应这些原则，家长其实有很多可以做的事情，主要有以下五条：

第一，让孩子诚恳地向对方道歉，并承诺不再犯；

第二，实施必要的惩罚；

第三，给予正确的指导；

第四，超越以上三点的，也是最重要的，就是训练孩子的共情能力；

第五，还要注意的是，想让孩子不欺负他人，家人首先就不要相互欺负。

写在最后

教育是技术和艺术的完美融合

我在外出给教育工作者授课时，不管授课对象是从事基础教学的一线教师、师范院校的在校学生，还是各地教育系统里不同层面的管理者，我都爱用同一个问题作为开场：

“您觉得，教育是一门技术呢，还是一门艺术？”

大家的答案各不相同，有人说是技术，有人说是艺术，有人说都是，有人说都不是。

以前的我，一直以为教育是一门技术。教育学、心理学、社会学、人类学、哲学，有那么多跟教育有着或深或浅关联的学科，研究成果浩如烟海，书籍论文汗牛充栋，上上下下研究了千百年，难道还搞不明白种种细枝末节的问题？

那时的我连婚都没结，外出讲课，总是会遭到质疑，学员会问：“老师，看你很年轻，你有孩子吗？”

说实话，这种问题很难让我不进一步联想到对方有否定我的意思，于是我内心就有些小小的不舒服：我学的知识都跟孩子有关，随便我的哪个研究，接触的孩子都可能过百，而我自己有没有孩子，这很重要吗？

事实证明，的确很重要。

在我儿子出生后，我才真正深刻地跳出了科学技术的范畴去思考养育乃至教育对我以及我的孩子究竟意味着什么。在这之前，我所接触、分析、指导的，都是“别人家孩子”，而我的孩子的到来，让我得以在更宏观的角度上认识我跟他的关系，以及我对他的期待。

技术总是有点“冷冰冰”的，它是定理、公式、逻辑，它很有用，但是我过去对它太过强调了，以至于忽视了教育中温暖的那部分。而艺术是强调审美的，带着更强烈的人文光辉，能包裹技术那过于坚硬的棱角。现在的我认为，教育是技术和艺术的综合体，有章法，又有魅力。

单纯地考虑技术，就会在养育中留下太强的套路感。可对孩子的成长来说，他所需要的可不仅是层出不穷、五花八门的种种套路，他需要的是父母坚定的养育信念、科学的养育方法与深沉隽永的爱。所有这些，最终都能转化为一个孩子迈开大步、离开父母的能力与动力，成为他独立的资本。

即使我们再爱孩子，孩子也要有属于他自己的生活，有他自己能够做主的空间，有他说了算的主场，去结交他想结交的朋友，嫁娶他真正深爱的人，从事他喜欢的事业，营建他自己的家庭。当然，这么一帆风顺的人生根本就是奢望，但我们总要给孩子一个这样的机会。为人父母，你要让孩子成为他想成为的人，而不是你以为他想成为的人。以爱之名给孩子挂上黄金做的镣铐，这才是父母最大的自私。

所以我们还是要趁孩子羽翼未丰之时，引导他们掌握基础的习惯，建立良好的自我认知，并学会怎么跟外界好好交流。这有点像送孩子出门读大学之前的状态，他满心期待，你却在帮他打理行囊，只不过这个过程，从时间到空间，都延展了许多。

这本书刚开始写作的时候，是不到一年前，彼时我儿子刚进幼儿园读小班没多久。如今这本书写到了尾声，我的第二个孩子也即将降生了。最近，我妻子总是抚着肚子，看着淘气的儿子叹气："这第一个还没搞定，就要再受一遍折腾！"她说这话的语气很微妙，极好地把为难跟幸福揉在了一起。为人父母的感觉就像这样，很为难也很幸福，为难的时候，很多妈妈会说："我恨不得把他塞回肚子里去！"而幸福的时候，父母又希望孩子永远不要长大。

可孩子终归还是要长大的，而在这稍纵即逝的成长历程中，父母建立一套强大而统一的养育信念是必备的。

我不敢妄议教育的终极目的是什么，但我认为，在每一个小小的家庭里，父母能做且该做的，就是把孩子培养成一个离得开他们的成年人，这就是我写下这本书的目的。

叶　壮